80后小夫妻

40周完美胎教方案

王 琪◎编著

中国人口出版社

图书在版编目(CIP)数据

80后小夫妻40周完美胎教方案／王琪编著.
—北京：中国人口出版社，2011.11
(乐享彩书榜)
ISBN 978-7-5101-0970-6

Ⅰ.①8… Ⅱ.①王… Ⅲ.①胎教－基本知识 Ⅳ.①G61

中国版本图书馆CIP数据核字(2011)第247660号

80后小夫妻40周完美胎教方案
王琪　编著

出版发行	中国人口出版社
印　　刷	北京博艺印刷包装有限公司
开　　本	787毫米×1092毫米　1/16
印　　张	12
字　　数	150千字
版　　次	2011年11月第1版
印　　次	2011年11月第1次印刷
书　　号	ISBN 978-7-5101-0970-6
定　　价	19.90元

社　　长	陶庆军
网　　址	www.rkcbs.net
电子信箱	rkcbs@126.com
电　　话	(010) 83534662
传　　真	(010) 83519401
地　　址	北京市宣武区广安门南街80号中加大厦
邮　　编	100054

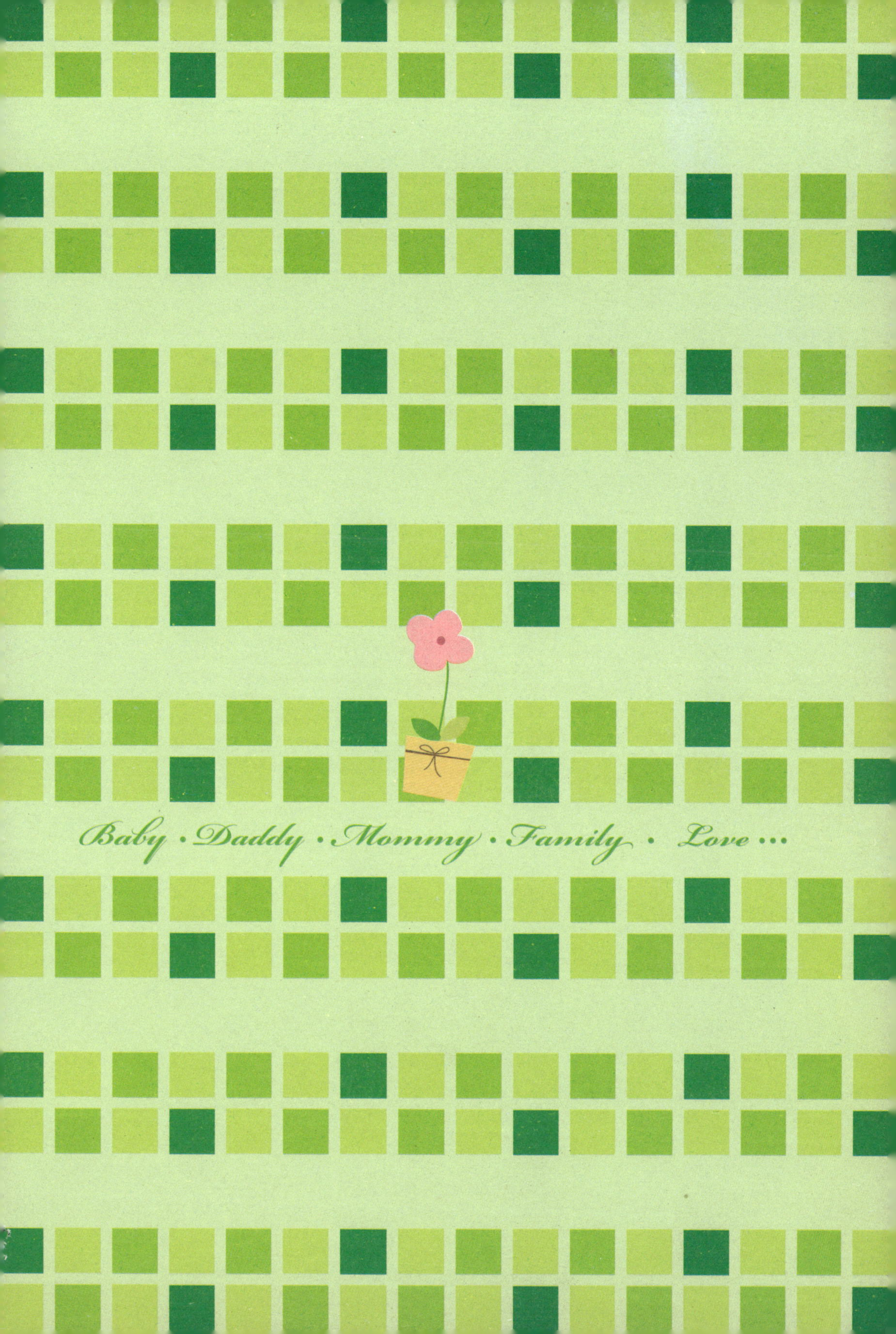
Baby · Daddy · Mommy · Family · Love ...

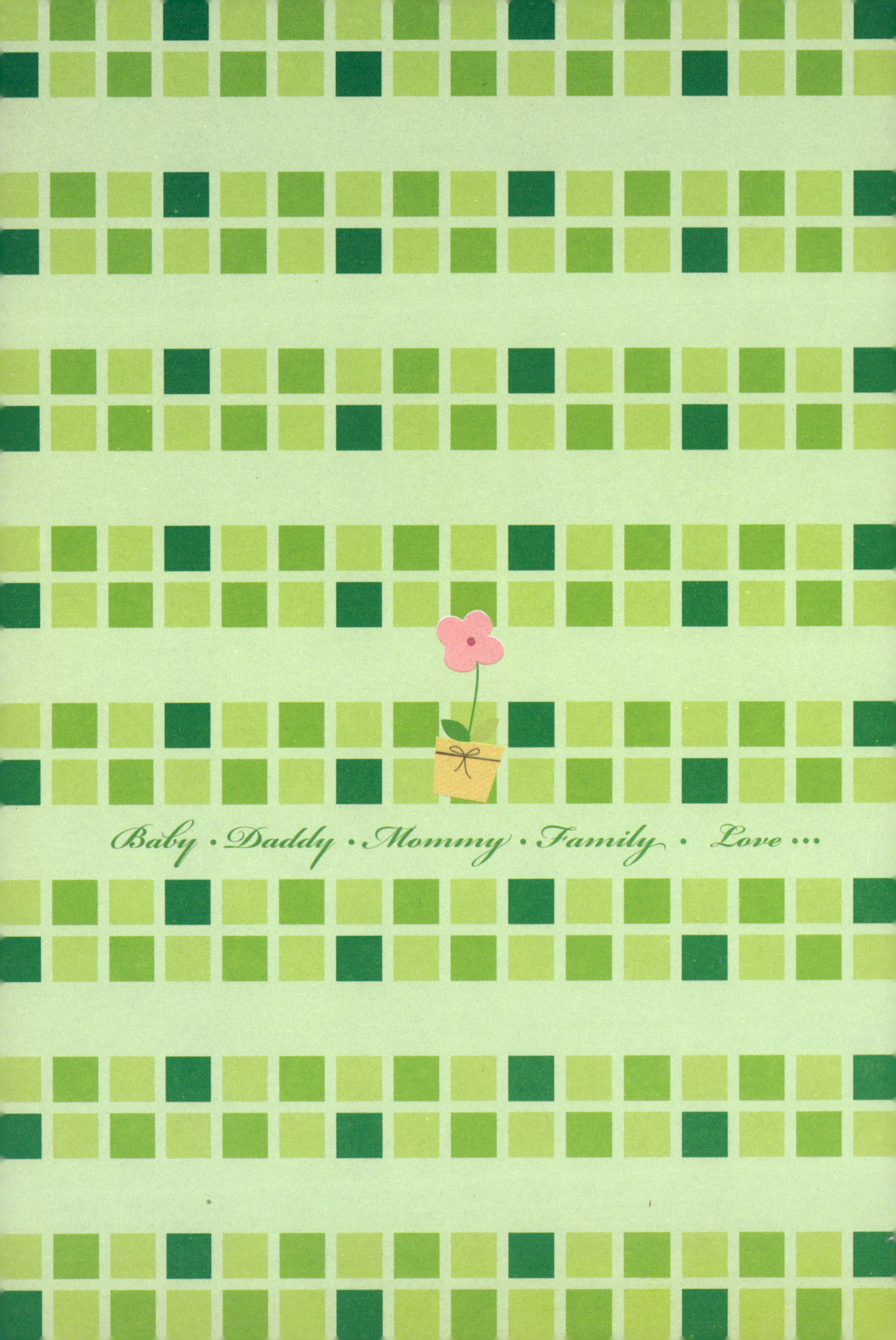
Baby · Daddy · Mommy · Family · Love ...

目录 Contents

Part 3 迈出胎教的第一步——从受孕开始胎教

孕

Part 4
孕中期的胎教——抓住胎教的最佳时机

优生
钙
锌
镁
铁
硒
维生素

Part 5 孕晚期的胎教——巩固胎教的成果

胎教的重点月历

孕期胎教的内容多彩多样，准爸爸准妈妈不可能一下都用上。胎教，最重要的是要分清主次而且还要全面，下面是每个月的胎教重点，可以让准爸妈们有的放矢，教出个优秀的宝宝！

1月

◎准妈妈要经常散步，听舒心的乐曲，调节早孕反应，避免繁重劳动和不良环境。

◎准爸爸应体贴照顾妻子，主动承担家务，抽出时间陪妻子。做到居室环境干净整洁，无吵闹现象，不过量饮酒，不在妻子面前吸烟，节制性生活。

2月

◎准妈妈要散步、听音乐，做准妈妈体操，避免剧烈运动，不接触狗猫等宠物，净化环境，排除噪音，保持情绪稳定，制怒节哀，无忧无虑。

◎准爸爸准妈妈需停止房事，以防流产。关心妻子的饮食状况，为妻子配制可口的饭菜。

3月

◎准妈妈要听欢快的乐曲，还要为胎宝宝做体操：早晚平躺在床上放松腹部，手指轻按腹部后拿起，每次5 ~ 10分钟。

◎这段时间最容易流产，因此，准妈妈要停止激烈的体育运动、体力劳动、旅行等，日常生活中要避免过度劳动，注意安静。

4月

◎准妈妈要多听音乐或哼唱自己喜欢的歌曲，还要做胎宝宝体操。准爸爸可将报纸卷成筒状，与胎宝宝轻声说话或念一些诗文。同时，准爸爸和准妈妈应多看一些家庭幽默书籍，以活跃家庭气氛，增进夫妻情趣。

◎这个时期，准妈妈身心愉快，胎内环境安定，食欲会变得旺盛。此时，胎宝宝进入急速生长时期，需要充分的营养，准妈妈要多摄取蛋白质、植物性脂肪、钙、维生素等营养物质。

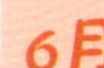

5月

◎准妈妈要做胎宝宝体操：主动轻抚腹部，将耳机调到适度的音量，在腹上放几分钟左右欢快乐曲。这个期间准妈妈要少食多餐，多吃富含铁的食物。

◎准妈妈要注意补血，防止贫血。从这时起，开始做乳头的保养，为哺乳做准备，也可以开始准备一些育儿用品和产妇用品。

6月

◎准妈妈帮助胎宝宝做运动：晚8时左右，准妈妈仰卧在床上放松，双手轻轻抚摸腹部10分钟左右，增加与胎宝宝的谈话次数，给胎宝宝讲故事、念诗、唱歌、哼曲等。每次开始前，叫胎宝宝的乳名，时间1分钟。

◎这个月，准妈妈要充分休息，睡眠充足，最好中午睡1～2小时。

7月

◎准妈妈要坚持帮助胎宝宝做运动，给胎宝宝讲画册、色彩及动物形象、动物运动和性格特点。

◎准爸爸应多陪妻子散步、做操、听音乐、会朋友、看书画展、玩轻松活泼的游戏等，以减轻压力、愉悦心情。

8月

◎准妈妈要持续帮助胎宝宝做运动，多与宝宝沟通，随时告诉宝宝一些有趣的事情。

◎准爸爸和准妈妈可告诉宝宝："你快要出生了！""你将降生在一个和谐、幸福的家庭"等。

9月

◎准爸爸准妈妈要帮助胎宝宝运动，与胎宝宝一起欣赏音乐，较前几个月，胎教时间可适当延长，胎教内容可适当增加。另外，准妈妈要少吃多餐，以高营养、高蛋白为主，限制动物脂肪和盐的过量摄入，多吃富含微量元素和维生素的食物，少饮水。

10月

◎在各种胎教活动正常进行的同时，准妈妈应适当了解一些分娩知识，消除恐惧心理，保持愉快的心情。要养精畜锐，避免劳累，练习呼吸、用力、松弛等方法，为分娩做准备。

Part 1

胎教，帮你培育出聪明宝宝

80后是目前育儿大军的主力，有着鲜明个性的80后，他们希望养育出比自己的父母、比自己更出色的宝宝。不少凡事喜欢新潮时尚，自己还是个爱和妈妈撒娇的80后女性，却丝毫不影响发誓做一个合格妈妈的决心。要做好合格的妈妈，胎教是其中重要一环。良好的胎教不仅决定着胎宝宝的智力发育情况，更决定着宝宝出生后的健康状况。80后小夫妻们在胎教的方式方法上是否要别出心裁呢？

胎教是一门科学

实践证明，接受过良好胎教的宝宝出生后，在智力、情商等方面具有明显的优势。也许胎教无法点石成金，让你的宝宝成为一个神童，却有可能让你的宝宝成为一个令自己骄傲的人才。因此，80后的准爸妈不可忽视对腹中的胎宝宝进行胎教哦！

认识胎教

自古以来，胎教就被蒙上了一层神秘的面纱。《辞海》中对“胎教”的解释是：“孕妇怀孕期间，通过自身的修养和调养，给予胎儿良好的影响。”

因此，凡是通过给准妈妈创造良好的环境，确保准妈妈与胎宝宝正常的信息交换，使胎宝宝在生命刚开始就可以受到良好的宫内教育，从而激发胎宝宝的大脑和神经系统的潜能的所有行为都可以称为胎教。这是胎宝宝日后成为既健康又聪明的优秀人才的基础。

更具体地来说，广义的胎教是指为了促进胎宝宝身心健康发育成长及保证准妈妈安全顺利地度过孕期，所采取的精神、饮食、环境、劳逸等各方面的保健措施。狭义的胎教是在加强准妈妈的精神、品德修养和教育的同时，还需要通过准妈妈利用科学的方法和手段，重视自身的健康和营养，刺激胎宝宝的各种器官，进而促进胎宝宝的身心健康发育。我们平时所说的胎教，一般是指后者。但是广义胎教和狭义胎教是统一的，不可偏废。

按其操作方法来划分，胎教主要可分为两种，即直接胎教和间接胎教。直接胎教是指直接针对胎宝宝的教育，其关键在于增加对胎宝宝的智力、情感等方面的良性刺激，以促进胎宝宝的宫内发育；间接胎教是指准妈妈及其他人通过改善胎宝宝生长的内部环境和外部环境来促使胎宝宝更好成长。

因此，胎教并不神秘，任何一位准妈妈都可以对胎宝宝实施科学的胎教，为胎宝宝的健康发育“修路搭桥”，给胎宝宝一个健康、积极的开始。

人类的智力相当一部分是从胎教中获得的

越来越多的准爸妈开始相信胎教可以使宝宝更加健康聪明，因此在怀孕期间，应将胎教当成每天的必修课。有研究者通过长期的观察和实验得出了“人类的智力一部分受遗传影响，一部分靠胎内环境”的结论。

胎教的内容集情感、艺术、形象和声音于一体，可以全面地促进胎宝宝右脑的发育，使其出生后具备更灵敏的知觉和空间感，而且具备更强的音乐、绘画、整体和几何、空间鉴别能力。同时，胎教给胎宝宝大脑以新鲜丰富的信息刺激，有利于胎宝宝大脑的健康发育。

此外，胎教不仅有利于胎宝宝感知能力的培养，而且有利于胎宝宝情感接受能力的培养。抚摸胎宝宝时，胎宝宝能做出相应的回应；给胎宝宝播放音乐或唱歌时，胎宝宝会变得很安静，这都是胎宝宝感知能力和情感接受能力的体现。

胎教对胎宝宝的影响是整体性的，因此有助于胎宝宝综合素质的塑造。如果胎宝宝能够在人生的开始就受到整体性的教育，那么这种教育就会对其心灵产生长远的、深刻的、潜移默化的影响，最终使宝宝日后的人格趋向完善。

尽管人智能的发育受后天环境与教育等多种因素的影响，很难单独评价胎教的作用。但胎教为胎宝宝的智能发育奠定了良好的基础，并对宝宝出生后早期教育的开发起到了积极作用，这一点是毋庸置疑的。

错过胎教，让人遗憾

我们应该认识到，胎教属于自己和胎宝宝的机会只有一次，一旦错过，可能成为终生的遗憾。建议准妈妈珍惜为胎宝宝做胎教的机会，别让孕期及人生留下遗憾。

孕前哪些工作需要调换

孕前，准妈妈不必辞掉工作，但有些工作对胎宝宝有不良影响，还是应该尽量避开：

- 经常接触铅、镉、汞等金属的工作。
- 高温作业、振动作业或噪音过大、高强度的工作。
- 接触放射性辐射危险的工作。
- 医务工作者，尤其是某些接触传染性病人的工作。
- 需接触刺激性物质或有毒化学物品的工作。
- 夜班或需常加班熬夜的工作。

古人留给我们的胎教法

我国对胎教的认识和实践都比较早，历史源远流长。而且我国从古代开始，就已经十分重视胎教了。那么，古代是怎样实施胎教的呢？

古书中对胎教的记载

随着社会的发展，越来越多的人开始重视胎教。在大家的思想中，胎教是近年来才兴起的，其实古代的时候，我国就开始有胎教一说了，这可以在我国古书中找到依据：

♥秦汉时有“目不视恶色，耳不听淫声，口不出傲言，能以胎教”的论述。意思是说，孕期的女性不宜看不良的东西，不宜听嘈杂的声音，不宜说粗鲁的话语，以此来进行胎教。

♥西汉刘向的《烈女传·周室三母》中提到：“古者妇人妊子，寝不侧，坐不边，立不跸，不食邪味，割不正不食，席不正不坐，目不视于邪色，耳不听于淫声。夜则令瞽诵诗书，道正事。如此，则生子形容端正，才德必过人矣。故妊子之时必慎所感。感于善则善，感于恶则恶。人生而肖万物者……”是说，古时候女性怀了身孕，睡觉时就不能侧着身子，座席不靠边，不用一只脚站立，不吃有异味的东西。食物切得不正不吃，席子放得不正不坐，眼睛不看邪僻的色彩，耳朵不听浮靡颓废的声音。夜晚让乐官吟诵诗歌，讲述正人君子的事迹。这样生下的宝宝必定相貌端庄，才智和品德都出类拔萃。

♥隋代名医巢元方在他的医学名著《诸病源候论·妊娠候》中谈到：“子欲端正庄严，常口谈正言，身行正事。”意思是说，要想宝宝生出来之后有正气，那女性就要在怀孕期间保持正气。

♥唐代名医孙思邈在他的医学名著《千金要方·养胎》中提到：“调心神，和性情，节嗜欲，遮事清净。”意思是说，怀孕时要调节心情，万事保证清净。

♥宋代名医陈自明在他的《妇人大全良方》中，说道：“夫人以胃气壮实，冲任荣和，则胎得所，如鱼处渊；若气血虚弱，无以滋养，则始终不能成也。”意思是准妈妈阴阳之气调和荣盛，胎宝宝就会有好的生长条件，反之则不会健康成长。

♥明代名医张景岳在他的医学名著《景岳全书》中谈到了胎气不安现象的原因，他认为：“盖胎气不安，必有所因，或虚或实，或寒或冷，皆能为胎气之病。”意思是，胎宝宝出现不安现象，一般都与准妈妈饮食起居不当有关，准妈妈饮食起居必须十分注意。

……

以上胎教法是古人经验的总结，对现代人进行胎教有一定的参考价值。

准妈妈须知的古代逐月胎教法

逐月胎教法的理论依据是中医的逐月养胎法，它保留了养胎的基本要求，增加了胎教的注意事项，使得准妈妈的孕期胎教更明确。其主要内容是：

♥孕1月，准妈妈刚受孕，胎孕不固，切忌房事。初孕妊娠反应较大，心情易烦躁不安，应多休息，调整情绪。

♥孕2月，居室要安静，做饭应适当照顾准妈妈的口味，注意天气冷暖变化，工作宜轻松简单，要避免噪声和电磁辐射。

♥孕3月，禁止乱用药物，以免损害已成形的胎宝宝。可听音乐、看画报、读小说等，保持良好的情绪。

♥孕4月，准妈妈可适度打扮，增加美感。可进行户外散步，应适当补充营养，适应胎宝宝生长发育需要。

♥孕5月，准妈妈应保证充分休息，可做些简单家务，不吃生冷食物，可以开始和胎宝宝对话。

♥孕6月，准妈妈应给胎宝宝听音乐，衣着宜宽大合体，要注意休息，准爸爸要增强胎教责任感。

♥孕7月，准妈妈可做产前体操，以运行血气，辅以心意养生锻炼，积蓄体力，防止风寒侵袭造成早产。

♥孕8月，静心养息，多动手脚，保持情绪稳定，准备宝宝的衣物，强化与胎宝宝的沟通，宜进行审美想象。

♥孕9月，禁房事，聆听音乐，坚持书写胎教日记，按时去医院进行产前检查。

♥孕10月，准妈妈要放松情绪，帮助胎宝宝“散步”和“做体操”，遵照医嘱做好临产准备。

✱在适合的月份做合适的胎教，会使胎教的效果更加显著。

古代逐月胎教法对于准妈妈来说有一定的参考价值，应该尽可能实施。

古人胎教“六字经”

1. 调，即调心志。
2. 节，即节房事。
3. 节，即节饮食，也就是饮食要有所控制。
4. 适，即适劳逸。
5. 慎，即慎寒温。
6. 戒，即戒生冷。

准妈妈应制订科学的胎教方案

古时候流传的胎教方法很多，但重养胎而轻胎教却是它的不足。随着社会的进步以及人们对胎教认识程度的加深，胎教的内涵和实施又有了新的内容，建议80后的准爸妈根据自己的实际情况，制订适合自己的科学的胎教方案。

树立科学的胎教态度

经常会有一些失实宣传称，胎教能培育出神童。这其实是一种误导，胎教只是通过科学的方法，使每个普通的宝宝更健康、更聪明，提高其综合素质，并不是说进行过胎教的宝宝，个个都是神童。

胎教的主要目的是让宝宝的大脑、神经系统及各种感觉机能、运动机能发展得更健全完善，为出生后接受各种刺激、训练打好基础，使宝宝对未来的自然与社会环境具有更强的适应能力。因此，不要把胎教神化，而要脚踏实地、科学地进行胎教。这才是正确的、科学的胎教态度。

在心情好的时候进行胎教

良好的心态，融洽的感情，是准妈妈优孕、优生的重要因素，在夫妻感情融洽、家庭气氛和谐、心态良好的情况下，受精卵就会“安然舒适”地在子宫内发育成长，生下的宝宝就更健康、聪慧。

早孕反应是准妈妈怀孕后正常的生理现象，怀孕3个月后会逐渐消失。而在怀孕的前3个月，是胎教的开始阶段，又是胎宝宝各器官分化的关键时期。准妈妈的情绪可以通过内分泌的改变影响胎宝宝的发育，因此，保持健康而愉快的心情是这一时期胎教的关键，这一时期，准妈妈还要积极克服孕吐。为了孕育出一个聪明、健康、活泼的宝宝，准妈妈要以博大的

✻在心情好的时候进行胎教，会收到事半功倍的效果。

爱心来对待胎宝宝，加强自身修养，学会自我心理调节，善于控制和缓解不健康情绪。准妈妈不妨多听听轻快、柔和、平缓的音乐，多接触大自然，看一些轻松欢快的电影，避免消极情绪的牵绊。

选择适合自己的胎教方案

现在社会上有种类繁多的“胎教方案”，这些方案往往宣称按照自己的胎教方法培养出来的宝宝的智力如何超常。而现在多数的准爸妈都信奉“别让自己的宝宝输在起跑线上”，于是便纷纷购买其“胎教方案”。这些方案中确实有一些是科学的，但是也不乏一些所谓的“胎教方案”只是出于经济目的，它们倡导的胎教理论可能根本经不起推敲，也就谈不上实践证明了，有的甚至和儿童发展的自然规律是背道而驰的。

因此，准爸妈选择胎教方案时，应选择正规的专业单位及渠道，还要联系自身实际情况，比如经济状况、时间、距离远近等，只有这样，才能在众多的胎教方案中识别出和选择到适合自己的胎教方案。

了解胎教的理论基础

♥**教育学理论。**胎教是人一生中所接受的全部教育中最基础的部分。因此，这种理论重视准妈妈在胎教过程中的主导作用。准妈妈需要了解基本的教育学理论，以良好的行为习惯和审美情趣进行胎教，做胎宝宝的好榜样。

♥**心理学理论。**准妈妈的暗示、期望、焦虑、应激等心理现象对胎宝宝的生长发育有直接影响，准妈妈应掌握和了解必要的心理科学常识，使之能够把握自己的心理活动，以愉快的情绪和积极的心态去进行胎教。

♥**生理学理论。**这个理论将胎教看作一种生理过程。外部的社会因素，会引起准妈妈内部的生理变化，进而再影响胎宝宝的身心发育。因此，胎教的主要任务就是保证准妈妈血液循环、正常的内分泌和子宫内温度、压力的平衡。

古今结合，学习胎教

早在3000年前，古人就发现了胎宝宝的身体素质、智力、性格和准妈妈的情绪、修养、生活环境有密切的关系，而且古人将胎教和养胎、保胎联系在一起，形成了自成一体的胎教法。纵观古代胎教说，我们可以发现其与现代胎教在理论上有很多不谋而合之处，准爸妈可以结合我国古代优秀的胎教方法和当代的科学胎教来学习胎教知识，并将其用在平时的胎教中去。

实施胎教的四大原则

胎教是关系胎宝宝一生的事情，因此80后的准爸妈不得马虎。在实施胎教的过程中，要在正确的胎教观基础上尊重科学，还要循序渐进；而且不能急于求成，更不能半途而废。贯彻好下列原则，会让胎教变得更简单。

立足养胎，重在胎教

胎教的作用就是为胎宝宝创造一个适宜的生长环境，让胎宝宝按照其生长规律发育成长；根据胎宝宝对外界刺激具有一定反应能力、接受能力和记忆能力的特征，给胎宝宝提供良好的信息刺激和影响，尽早开发和锻炼他的各种能力。

这就要求准妈妈需要不断提高自身的素质和修养，积极学习胎教知识，对自身生活和情感等各方面进行更好的调理，实行更合理的安排，以提高自己的精神状态和综合素质，给胎宝宝创造更好的生长环境，也就是通常所说的“积极养胎”。

同时，应在科学的养胎基础上，加强准妈妈和胎宝宝的沟通，采用适宜的方式对胎宝宝施加影响和刺激，锻炼并增加胎宝宝自身发展的潜力，提高其综合素质。

抓住时机提高胎教效果

胎教的过程是不可逆的，因此一旦错过了胎教最佳的时机，再采取措施就难以弥补。医学专家认为，胎儿的大脑细胞分裂增殖主要是在怀孕期完成的，它有两个高峰期。第一个高峰期是怀孕的2～3个月，第二个高峰期是怀孕的7～8个月。如果在脑细胞分裂增殖的高峰期适时地供给胎宝宝丰富的物质和精神营养，脑细胞的分裂便可趋于顶峰，可为宝宝的高智商奠定基础。

准爸爸和准妈妈应该抓住这几个关键时期，使胎教的效果事半功倍。

在第一个高峰期，准妈妈的情绪可以通过内分泌的改变影响胎宝宝的发育，因此，准妈妈保持良好而愉快的心情是这一时期胎教的关键。除此之外，准妈妈还要

准妈妈的生活方式时刻影响胎宝宝

生命的孕育和诞生是大自然选择的一种方式，准妈妈最好尊重自然规律，按时作息，尽量不要熬夜，否则会影响腹中胎宝宝的生长发育。与其在胎宝宝出生后顿首垂足地后悔，不如从现在开始就保持良好的生活习惯。

给胎宝宝适当的感官刺激，准妈妈可轻轻地按摩下腹部，通过羊水的震荡给胎宝宝触觉的刺激，从而促进胎宝宝神经系统的发育。

在第二个高峰期，胎宝宝的听觉系统迅速发展，准妈妈可以给胎宝宝播放优美抒情的乐曲、和胎宝宝聊天、给胎宝宝讲故事等。现阶段，胎宝宝神经系统发育迅速，对触觉与力量付出很敏感。准妈妈可轻轻拍打和抚摸腹部，与胎宝宝在宫内的活动相呼应；此外，按时触摸或轻轻按摩准妈妈腹部，可以促进胎宝宝大脑功能的协调发育。

遵循个别性原则，不盲目从众

准妈妈应该根据自己的实际情况，选择适宜的胎教方法。由于准妈妈的智力、能力、气质性格等许多方面都存在着个体差异，所以，胎教的途径和手段也应该随之而异。此外，家庭经济状况、文化背景和生活情趣等也会影响胎教效果。如果遵循个别性原则，便可以扬长避短。例如不同性格的准妈妈，看同样的电影时，情绪和心情可能不一样，因此，要选择适合的电影来让准妈妈保持良好的情绪，而不能盲目从众。

科学地进行胎教

♥**准妈妈的生活要有规律。**保持充足的睡眠，要讲卫生，注重保健，饮食要均衡，忌烟戒酒，心情要安稳舒畅，保持科学的生活方式，常到郊外游玩，欣赏自然风景。

♥**准妈妈要按时参加产前检查。**准妈妈可及时了解自己的身体状况和胎宝宝的发育状况，注意身体健康，预防疾病，谨慎用药，节制性生活。

♥**准妈妈要保持稳定的情绪。**准妈妈的心理要平和，尽量避免抑郁、悲伤、烦躁、惊恐和愤怒等不良情绪。

♥**准妈妈进行胎教时要充满爱心。**准妈妈要尊重科学，还要掌握必要的胎教知识，和准爸爸密切配合，循序渐进；避免急躁情绪，随时和胎宝宝沟通交流。

✻文静的准妈妈可以选择绣十字绣这一方式来进行胎教。

家庭成员在胎教中的作用

宝宝是一个家庭的希望，胎教自然也成为家庭各个成员的共同责任，而不仅仅是准妈妈自己的事情，希望每一位家庭成员都成为胎教大军中的成员！

准妈妈是胎教的主角

胎宝宝是由准妈妈孕育的，母体是胎宝宝赖以生存和发育的物质基础，而母体又是胎教的主体。准妈妈为胎宝宝的生长发育提供了一切必要的条件，准妈妈的身体素质和营养状况直接关系到胎宝宝的身体素质和营养状况，而准妈妈的文化修养、精神状况又不可避免地影响到胎宝宝，对胎宝宝的精神世界产生重要的影响。因此，准妈妈是宝宝人生中的第一任老师。

在胎宝宝时期，准妈妈和胎宝宝之间不但有血脉相连的关系，而且还可以通过不同的途径来保持心灵和情感的沟通。

胎宝宝可以通过准妈妈的梦向准妈妈传递信息。准妈妈对胎宝宝的喜爱或恐惧不安，也可通过有关途径传递给胎宝宝，产生潜移默化的影响。当准妈妈听到一首美妙的音乐，心情愉快舒畅时，这种情绪便会传递给胎宝宝，胎宝宝也会感受到准妈妈愉快的心情，从而安静下来。而当准妈妈心情不好、生气的时候，胎宝宝也会捕捉到来自准妈妈的情感信息，变得躁动不安。

但是，每一位准妈妈的家庭教养、文化素养、道德修养以及对胎教的认识程度、实施程度不同，这就直接地造成了胎教结果大有差异。

准爸爸应积极参与胎教

对于胎宝宝的成长来说，准妈妈给予了直接的影响，在胎教中起决定作用，但是，准爸爸的作用也是不能忽略的，准爸爸是“雨露阳光”，会使胎宝宝这颗“种子”发育得更健全，生长更顺利。

♥准爸爸对胎宝宝的影响，主要是通过对妻子的影响以及参与胎教而实现的。所以，在妻子怀孕期间，准爸爸要保持平和愉快的心境，关心、体贴和照顾妻子，节制房事，并积极参与胎教。

♥准妈妈在孕期需要大量的营养，营养不足，不仅会影响胎宝宝的体质，而且还可能会影响胎宝宝的智力。因此，准爸爸一定要做好妻子的后勤保障，保证母子共同的营养需求。

♥从怀孕5个月起，准爸爸就应担负起胎教的责任，发挥自己的作用，与准妈妈一起进行对话胎教、游戏胎教、音乐胎教及其他形式的胎教。

♥怀孕不仅是准妈妈一个人的事，体贴妻

子、富有责任感的准爸爸，也可以“帮助”妻子怀孕。比如听胎心音、数胎动、量宫底等。

家庭其他成员的作用

家庭的其他成员，比如宝宝的爷爷、奶奶、外婆、外公等人在胎教中也有重要作用。一些老人，尤其是准妈妈的母亲或婆婆，总是滔滔不绝地向准妈妈介绍自己当年的亲身感受和经验，而且经常会以“关心”的名义强加给准妈妈，比如强迫准妈妈吃东西，或者禁止她们自由活动等。当然，这样做不无效果，但是，却未必科学，反而可能对准妈妈和胎宝宝的健康起到反作用。在准妈妈怀孕期间，家庭里所有成员都应给予其帮助和理解，不要给准妈妈造成压力，也不要按照自己的观点安排准妈妈的生活，更不要随意指责，而应努力为准妈妈创造一个惬意的生活环境，使胎宝宝在和谐的气氛中健康成长。

✲胎教中，准妈妈是主角，但是准爸爸的作用也至关重要，只有夫妻合力，良好配合，才能对胎宝宝实施最完善的胎教。

请准爸爸多与胎宝宝说话

有人在实验中发现：胎宝宝特别喜欢听准爸爸的讲话声。准爸爸可在和胎宝宝说话的时候抚摸准妈妈的腹部，胎宝宝能用似乎“陶醉”了的轻轻摇晃来表达他的满意心情。为此一些心理学家提出一项极为有益的建议：请准爸爸与胎宝宝讲话，这是与出生后的宝宝建立亲切、深厚的感情的先决条件。

准爸爸对胎宝宝说话，这是父爱的一种表现，使胎宝宝通过听觉和触觉，感受到不仅有母爱，而且还有温暖的父爱，这对于胎宝宝的感情发育有莫大的好处。

不为胎教而胎教，让胎教成为愉快互动

“不为胎教而胎教”，这应该成为准爸妈对胎教的正确认知。所有的准爸妈都应该事先明确，胎教应该是一种发自内心的、自然而然的行为。而那些追求培养出“天才宝宝”的行为，只会累了准妈妈，害了胎宝宝，起不到任何好的作用。

经常会听到一些父母的抱怨：“怀孕的时候，我们积极胎教，唱歌、听音乐、运动，什么都没落下，但是辛苦了半天也没有生出个天才来。”他们丝毫不掩饰自己的失望。

望子成龙、望女成凤的心情，我们可以理解。但是有心理落差的关键在于这些父母对胎教抱有不切实际的奢望。准爸妈必须明确地知道，胎教的目的只是使未出世的胎宝宝具有良好的成长环境，为出生后的发展提供良好的条件。胎教不是孤立的，而是受诸多因素的影响的，准妈妈的身体各有差异，自身修养的水平不同，环境因素的影响不同，以及对胎教实施的程度不同，这些都将导致胎教的不同结果。

准妈妈不要为了胎教而胎教，而应该把胎教作为一种乐趣，当成和宝宝的愉快互动。

如果能从实际出发，放弃对胎教的奢望，理性地看待胎教，就不会有这么多的失望了。有不少准妈妈把胎教当成是一个任务去完成，更多的人重视对胎宝宝胎教内容的选择，即使自己在进行胎教的时候，情绪并不是太好也不加以关注而忽略了孕期所应该享受的欢愉乐趣，其实，胎教不是要教给胎宝宝什么具体知识，而应该形成一种愉快的互动。

胎教的目的，无非是想通过外界的刺激，促使胎宝宝接受更多的优良信息，让他发育得更好、更聪明、更健康、更美丽。那么，只要是对胎宝宝有益的事情都可以归入胎教的范畴。

因此，准爸妈完全不要将胎教视为一件辛苦的事情，而要将其看成和胎宝宝的愉快互动和亲密接触，在愉悦自己的同时，给胎宝宝良好的刺激，也只有在这样的心态下，胎教才会显示其独特的魅力，让出生后的宝宝更优秀！

爱是最好的胎教

准备怀孕、进入孕期，这个过程是艰辛而享受的，而准爸妈的爱会为整个孕期注入快乐的元素，让孕期充满乐趣，远离枯燥无趣，胎宝宝也会在爱中茁壮成长。爱就是最好的胎教……

保持和谐的夫妻关系

中医强调的“清心寡欲之人和，则得子定然贤智无病而寿”，这便是在强调和谐的夫妻关系对优生的重要影响。良好的情感和心态能够释放出有益身心的激素，使身体达到最佳状态。

感情融洽、和谐是家庭幸福的一个重要标志，同时也是优生和胎教的重要因素。在幸福和谐的家庭中，受精卵会得到良好的生长环境，健康顺利地成长，生下的宝宝往往健康聪明。反之，夫妻感情不和睦，彼此间的精神刺激，过度的紧张、忧愁、抑郁，会使大脑皮层的高级神经中枢活动受到障碍，可引起一些疾病，并影响到胎宝宝。

夫妻要善于主动调节相互之间的心理平衡，加大对彼此的心理“容忍度”，搁置非原则性的问题，借助其他办法使矛盾化解，从而创造幸福、和谐的婚姻关系。

做好要胎宝宝的心理准备

有的人对要胎宝宝是采取顺其自然的态度；有的人是无意中怀孕的；还有的人是在计划中怀孕。这几种不同的态度对胎宝宝的影响也不一样。第一种情况是一切听之任之，怀孕了不狂喜，没怀孕也不失落，心态比较平和；第二种情况有些不愿意，又不愿流产，这种心理不利于胎教；第三种情况是以乐观的心情迎接新生命的到来，宫内胎宝宝也会感觉到这种欢乐的气氛而生长发育得更好。

✱夫妻应保持和谐的夫妻关系，并为迎接宝宝做好心理准备，才能培养出健康聪明的宝宝。

但是，如果试图通过生宝宝来挽救婚姻，那是不负责任的。所以，夫妻做好了心理准备，都想有宝宝的加入，而且会自觉担当起父母的责任，这才是最好的状态。

不能闯的胎教误区

胎教实施得当，不仅会使准妈妈的孕期充满乐趣，还会培养出健康聪明的宝宝，但是胎教一旦实施不当，会对胎宝宝造成负面影响，因此下列胎教误区，准爸妈不要闯。

胎宝宝没有意识，胎教也不会有作用

有不少人对于胎宝宝的发育情况不了解，不知道胎宝宝具备哪些能力，一味地认为胎宝宝没有意识，根本不可能接受教育，其实这样的想法是错误的。

医学研究证明，胎宝宝 4个月的时候就已经具备了全方位的感知觉力，也就是具备了受教育的“能力”。但这里所说的“教育”，不同于幼儿园和学校“教育”，而是具备基本的接受信息和情感的能力，所以应该根据胎宝宝各时期的发育特点，有针对性地、积极主动地给予各种信息刺激，促进胎宝宝身心健康发育，最大限度地发掘胎宝宝的智力潜能，为胎宝宝出生后的早期教育奠定良好坚实的基础。

因此，存在“胎宝宝没有意识，胎教也不会有作用”思想的准爸妈应该注意了，胎宝宝是有意识的，是会感应到你对他（她）的“教育”的，别耽误了对胎宝宝的胎教哦。

胎教做好了，宝宝长大一定是神童

自己的宝宝将来能成为健康聪明的好宝宝，是每位准爸爸准妈妈的最大心愿。但是，准爸爸准妈妈一定要知道：提倡胎教，并不是因为胎教可以培养神童，而是因为胎教可以发掘个体的素质潜能，让每个胎宝宝的先天遗传素质获得最合理的发展。如果胎教能与出生后的早期教育很好地结合起来，宝宝将会更加优秀。

接受过胎教的宝宝，长大后也不是个个都是神童。育儿专家倡导胎教，并不是因为胎教可以培养出神童，而是

✱胎宝宝是有意识的，你看，他在踢我呢！

因为胎教可以把胎宝宝本身所具有的神童潜能调动和发挥出来。

因此，准爸妈们对胎教要有合理期待，不能不相信胎教，否认胎教的作用，也不能夸大胎教的作用，对胎教寄予过多的期待。

胎教就是给胎宝宝听音乐

许多准爸爸准妈妈简单地认为，胎教就是让准妈妈和胎宝宝一起听音乐，有的为使宝宝具备良好的气质而听古典音乐，有的为使宝宝个性开朗而选择听摇滚乐，有的听流行歌曲、京剧等。孕期适当听音乐是正确的，但要讲究内容和方法，应选择适当的音乐和听音乐的时间，注意音频的高低及音量的大小，而不是乱听音乐，随意放音乐。

此外，胎教并不仅仅是音乐胎教，还包含其他很多方面的内容，如运动胎教、精神胎教、美育胎教、语言胎教、光照胎教、性格胎教、环境胎教等。其实，凡是对胎宝宝有益的事情都可以归入胎教的范畴。大到怀孕前的准备、环境的改善、情绪的调节，小到听音乐、散步、和胎宝宝说悄悄话，这些都是胎教。

胎教可以不分时间和地点

要想让胎教起到积极的作用，那就要遵循胎宝宝的身心发展规律，而不能不分时间和地点。首先，每天要定时进行胎教，保持规律性，这有利于胎宝宝养成规律的习惯。其次，要选择胎宝宝清醒的时候进行胎教，根据胎宝宝的大脑规律，每次最好不要超过20分钟。同时，进行胎教时，准妈妈、准爸爸要全身心地投入，建立起最初亲密的亲子关系。

✻ 音乐胎教很重要，但并不是唯一的胎教方式。

准爸爸和准妈妈应该避免吵架

据统计，经常吵架的准爸妈孕育的胎宝宝在身心缺陷方面的几率比生活美满、和睦相处的准爸妈所生的宝宝高1.5倍，胎宝宝出生后因恐惧心理而出现神经质的机会也比后者高4倍，而且这类儿童往往发育缓慢、胆小怯弱、生活能力差。因此，准爸爸和准妈妈应多为胎宝宝着想，在孕期内避免吵架。

专题 胎教使宝宝聪明有科学依据

科学研究结果表明，胎宝宝发育到第4周时，就已经建立了神经系统；第8～11周时，有了触觉反应，这时可以通过轻轻拍打、抚摸母体腹部来促进胎宝宝感知系统的发育；第12～15周时，胎宝宝已有了自己的情感，能够同时感受准妈妈的喜怒哀乐的变化；第16～19周时，胎宝宝的听力形成，他能听到准妈妈唱歌的声音和准爸爸对他的低声细语，也能听到准妈妈心跳和血液流动的声音；第20周时，胎宝宝有了视觉感知，能对外界的光线做出反应，并能对自己喜恶的光线做出选择。

胎宝宝的大脑在孕6月时就已经具备了140亿个细胞，这是一生中所需的全部脑细胞数量，以后的任务则是如何提高脑细胞的质量。

由此可见，按照胎宝宝的生长发育实施相关的胎教具有非常重要的意义，准爸爸及准妈妈们要牢牢记住这一点。人的大脑有140亿个神经细胞和1万亿个以上特殊接头——突触，人们将其喻为“高度进化了的巨大的计算机”。但人脑的记忆信息量，则远远超过计算机，是现代计算机的100万倍。

现已查明这种生物电的传递储存如计算机一样，也是以2进位方式，即0和1两个进位形成。大脑的神经纤维越多、突触越多则神经细胞间信息交换越频繁，联系越紧密，人也就越聪明。

人的大脑中神经纤维和突触的70%是在3岁以前形成的。儿科神经解剖学和神经心理学家研究表明：人的正常神经—精神发育需要经常有某些感觉性刺激并且需要刺激的多样性。人的神经—精神发育的连续过程开始于胎儿时期。多种无条件反射是在胎宝宝时期出现的，适量的声音刺激会提高胎宝宝听觉及其他感觉的灵敏性，有利于巩固和发展宝宝原始的无条件反射，并有利于宝宝出生后在此基础上形成新的条件反射。

有的学者认为，4岁前大脑发育程度基本定型，12岁以后就可全部形成了。从这个意义上说， 胎宝宝、宝宝和幼儿时期的教育比学校教育更重要。3个月的胎宝宝，内耳已发育较好，大脑已开始发育。到胎宝宝6个月左右，大脑细胞构筑基本类似成人，在这时期给予大量适宜刺激（胎教），对促进胎宝宝大脑发育，形成更多的神经纤维和突触则是十分有益的。这也是国内外学者认为要培养出聪明的宝宝，应从胎宝宝时期开始教育，应该有好的准妈妈、好的幼儿教师和幼儿园的原因。在胎儿、婴儿、幼儿时期，若能给予良好教育和环境条件，使大脑神经纤维和突触更多更好的发育、增生，就能使胎宝宝的大脑规格和复杂程度更高一筹。

我的备孕笔记

年　月　日　星期

❶ 自我感觉（记录下近阶段的心情、睡眠、食欲、排便等情况）

❷ 自我检查

体重（千克）：	体温（摄氏度）：
血压（毫米汞柱）：	其他：

❸ 为将来的宝宝我改掉了以下习惯

❹ 为将来的宝宝我做的其他努力

❺ 准爸爸为将来的宝宝做的努力

❻ 还需要记下的其他事情

Part 2

主题胎教法，让胎教的效果更上一层楼

对于80后的准爸妈而言，要想科学地实施胎教，方法十分重要。无论你是社会精英还是平凡百姓，在实施胎教的过程中都要重视方式方法，找到适合自己的胎教方法，才能充分有利于胎宝宝的生长发育，也才能保证胎教获得成功。

直接胎教

随着孕期的深入和胎宝宝的发育，尤其是大脑等神经系统的发育完善，准妈妈可将外界刺激直接传递给胎宝宝，这就是直接胎教。直接胎教主要包括音乐胎教、光照胎教、抚摸胎教、语言胎教等。

陶冶情操的音乐胎教

认识音乐胎教

音乐胎教指通过对胎宝宝连续不断地用音乐刺激来促进其神经元轴突、树突及突触的发育，为优化后天的智力及发展其音乐天赋奠定良好的基础。它是古今中外各种学派极力推崇的一种胎教方法。

音乐胎教的优点

优美的音乐会刺激胎宝宝的听觉神经器官，能较好地改善和加强胎宝宝的大脑皮层及神经系统的功能。接受过音乐胎教的胎宝宝出生后一般具有对音乐较强的感受力、有较好的节奏感，性格活泼开朗、爱唱爱跳等特点。

此外，音乐可让准妈妈的情绪更平静愉悦，使胎宝宝感受到和谐，以达到母子沟通的目的。人的大脑半球有明确的分工：左半球的功能是语言、计算、理解等，主管逻辑思维；右半球的功能是空间位置关系、艺术活动等，主管形象思维，音乐胎教有助于开发胎宝宝的右脑，宝宝会更聪明，更有才智。

胎宝宝钟情于什么音乐

一定要选择适合胎宝宝听的乐曲，音乐胎教才能起到好效果。胎宝宝在子宫内的状态与新生儿一样，每天大部分时间处于睡眠状态，以孕中期最为明显。因此，宜给胎宝宝听安静的音乐。给胎宝宝听的音乐选曲也要慎重，可以选择催眠的二胡曲《二泉映月》，镇静的民族管弦乐曲《春江花月夜》等。

✻优美的音乐，不仅陶冶准妈妈的情操，还会让胎宝宝感到安定。

如何进行音乐胎教

♥准妈妈每天可给胎宝宝哼唱歌曲，最好选择抒情或轻快的歌曲，也可唱些摇篮曲。

♥进行音乐胎教的目的在于让准妈妈和胎宝宝的情绪安定。当准妈妈感到厌倦或产生反感时，应果断停止。

♥音量要适中。胎宝宝最熟悉的声音就是准妈妈的心脏搏动和身体器官运作的声音，所以应该尽可能地把音乐音量的大小调整到与其接近的程度。

♥让胎宝宝听见自然的声音。准妈妈应尽量多到大自然中，让胎宝宝感受到自然的声音。

甜沁心脯的光照胎教

认识光照胎教

光照胎教最好自准妈妈怀孕24周开始，因为从孕4月起，胎宝宝对光线已非常敏感。当可以感觉到胎宝宝的胎动时，可将手电筒对着准妈妈的腹部一闪一灭地进行照射，给胎宝宝适度的光照刺激，用这样的方式来训练胎宝宝的昼夜节律，并促进其视觉发育，可增加视觉范围，同时有助于强化昼夜周期和促进动作行为的发展。

光照胎教的优点

光照胎教并不像其他常规胎教那样受人重视，很多人都认为胎宝宝在准妈妈腹中是看不见光亮的，但是经彩色超声波观察，胎宝宝的眼睛并不是完全看不见东西，光照后胎宝宝会出现转头避光动作，同时心率出现剧烈变化，脐动脉和脑动脉血流量也有所增加。这表明胎宝宝对光照会做出自己的反应。

对胎宝宝施以光照胎教，可以促进胎宝宝视觉功能的建立和发育，光还可以通过视神经刺激大脑的视觉中枢。光照胎教成功的胎宝宝出生后视觉敏锐、协调，专注力、记忆力也比较好。实验证明，适当的光照对胎宝宝的视网膜以及视神经有益。

如何进行光照胎教

在进行光照胎教的时候，准妈妈应该选择胎宝宝觉醒、活跃的时候，照射的时候妈妈可以和胎宝宝对话，如准妈妈--边用手电筒的微光照射腹部，一边告诉胎宝宝："这是手电筒发出的光，它好玩儿吗？你可以去抓住它。"

坚持光照胎教1个月后，胎宝宝会记住这个时间段，每到这个时间段胎宝宝也会非常高兴，每天享受着甜美的胎宝宝游戏时光，准妈妈也会心情舒畅。

实施光照胎教时的注意事项

不要在胎宝宝睡眠时施行胎教，必须在有胎动的时候进行。手电筒不要放在准妈妈肚脐上，要照射腹部，主要是宫底下两三横指处，光照胎教每次做3～5分钟为佳，最长不宜超过12分钟。

晚上8～9点时为胎动活跃时间，较宜进行光照胎教，也可以在给胎宝宝听完音乐后进行。

温情的抚摸胎教

认识抚摸胎教

胎宝宝一般在怀孕后第10周开始活动，并且动作异常丰富，有吞羊水、眯眼、咂拇指、握拳头、伸展四肢、转身、蹬腿、翻筋斗等动作，而且受到刺激后会做出各种反应。隔着准妈妈的肚皮轻轻触摸胎宝宝的头部、臀部和身体其他部位，胎宝宝会做出相应的反应，通过抚摸训练，不仅能使胎宝宝感知父母的存在，而且可增加胎宝宝肢体的反应能力。

✽从孕3月开始，准妈妈就可以对胎宝宝进行规律性的抚摸胎教，促进宝宝健康发育。

抚摸方法

准妈妈可用双手轻抚腹部，一边抚摸一边跟胎宝宝说话。把胎宝宝当成每时每刻和自己生活在一块儿。可把自己正在做的或可以和胎宝宝一起做的事告诉他。同时，准爸爸也可以选择合适和固定的时间抚摸宝宝。或用手指轻按妻子的腹部，把压力通过腹壁传至胎宝宝皮肤，以产生压力感和触觉。这样可满足胎宝宝的皮肤饥饿感，激发胎宝宝活动的积极性，促使其发生蠕动。这种练习不仅能训练胎宝宝的触觉，而且还可以促进胎宝宝反应和活动，使之出生后反应灵活。

抚摸时间

抚摸胎教从孕3月就可以开始，建议准妈妈在每天早晨和晚上做为宜，要注意的是，每次抚摸的时间不要太长，5~10分钟即可。

抚摸胎教要注意的事项

♥抚摸及按压时，动作一定要轻柔，以免用力过度引起意外。有的准妈妈在孕中、晚期可能会有一阵阵的腹壁变厚，这是不规则的子宫收缩，这时候就不能做抚摸胎教了，以免引起流产。

♥准妈妈如果有不良产史，如流产、早产、产前出血等，则不宜使用抚摸胎教。

♥抚摸时，胎宝宝如果不高兴，就会用力挣脱蹬腿反对，碰到这种情况，应该立即停止。可用爱抚法抚摸胎宝宝头部，一会儿胎宝宝就会安静下来。

♥准妈妈抚摸胎宝宝时，要克服消极情绪，保持轻松、愉悦的心情。

♥准妈妈最好在进行抚摸胎教之前排空小便，以增加抚摸的时间。

形象生动的语言胎教

认识语言胎教

胎宝宝在5个月大的时候，已经是个能听、能看、会玩、有感觉的小生命。准爸妈通过语言沟通，可促进亲子感情，提高胎宝宝的语言、智力发育水平。

进行语言胎教的时机

胎宝宝4个月的时候，就有了对声音的感觉能力。但胎宝宝此时还没用记忆声音的能力，只能判断声音的规律及高低起伏。因此准妈妈要注意自己的音调、语气，给胎宝宝良好的刺激。准爸爸和准妈妈应该同时进行这项胎教。准爸爸的低音比较容易传入子宫内，时间长了，就会对胎宝宝形成一种良性的声波刺激。

如何进行语言胎教

胎宝宝发育到6个月时，准妈妈可以对胎宝宝开始系统性的语言胎教，同时可配合音乐胎教和抚摸胎教，或轮流进行这几项胎教。坚持下去，胎宝宝出生后就会更出色的表现。

♥**随时和胎宝宝对话。**与胎宝宝对话一般从孕3～4个月时开始，每天定时进行对话，在自然、和谐的气氛中进行，内容不限。早晨起床前轻抚腹部，说声："宝宝早上好，妈妈要起床了。"晚上睡觉前，可以由轻抚准妈妈的腹部对胎宝宝说话："哦，宝宝，爸爸来看你了……"

♥**给胎宝宝讲故事。**这是一项不可缺少的胎教内容。讲故事时，准妈妈声音要亲切柔和，有声有色。内容可由准妈妈任意发挥，讲随意编的故事，也可以读故事书，最好是图文并茂的儿童读物。还可给胎宝宝朗读一些轻快活泼的儿歌、诗歌、散文以及顺口溜等。

♥**给胎宝宝看精美画册。**为了培养宝宝丰富的想象力、独创性及进取精神，最好的方法之一就是给胎宝宝看精美的幼儿画册。准妈妈将画册中所展示的幻想世界，用自己富于想象力的大脑放大并传递给胎宝宝，从而促进胎宝宝健康成长。阅读的画册要选择色彩丰富、富于幻想、令人积极向上的内容。

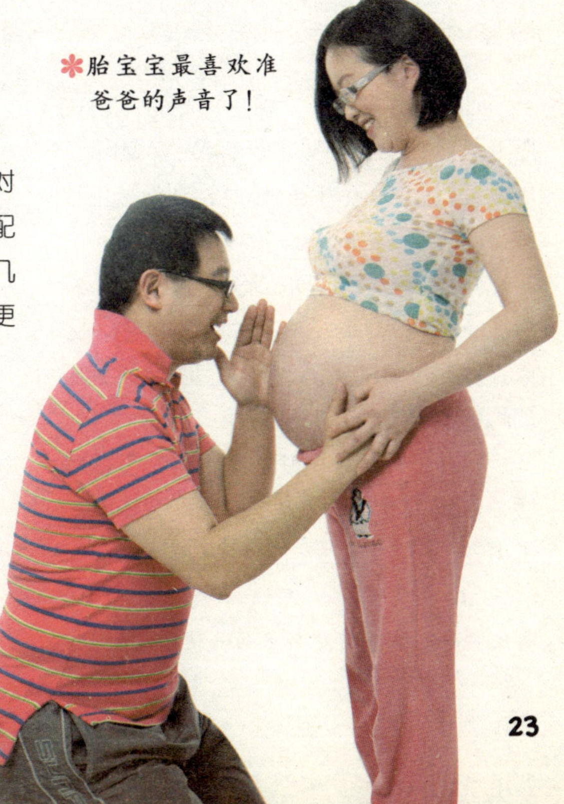

✽胎宝宝最喜欢准爸爸的声音了！

间接胎教

准妈妈除了为胎宝宝创造稳定的内部环境外，还利用一定方法，通过自身刺激胎宝宝的感觉器官，以激发胎宝宝大脑和神经系统而进行的活动，均为间接胎教。

修身养性的环境胎教

认识环境胎教

胎宝宝生活的环境包括准妈妈的子宫、妈妈的身体状态以及准妈妈所生活的环境等。

如果为胎宝宝营造一个安全成长的环境，就会使胎宝宝的大脑和身体健康的生长发育，这就是环境胎教。

环境胎教的重要性

在孕早期的前2个月内，胎宝宝的内脏、头颅、四肢等都大致形成了，如果不能保证优质的母体内外环境，则胎宝宝极易在此时期产生畸形。

同时，这个时期的胎宝宝正处于发育很不成熟的阶段，不具有防御能力，因此，此时不良的环境对胎宝宝的伤害会更加严重。

良好的环境，能使胎宝宝得到良好感应，使胎宝宝发育良好，反之则会影响胎宝宝的正常发育。

如何进行环境胎教

♥**家庭环境胎教。**准爸爸要多关注准妈妈居室环境的美化、卫生，为准妈妈布置一个良好的居室环境，使准妈妈心情舒畅。

♥**工作环境胎教。**准妈妈在工作环境中，必须细心关注几个问题：工作场所有没有化学类、光电类、物理类的污染源；工作的节奏、性质、压力大小是否适合准妈妈的承受力；人际关系是否舒服等。这些都是影响胎宝宝健康的因素。不要对此毫不在意，结果稀里糊涂受了害，影响了胎宝宝的健康。

✻在安静的家中接受早上第一缕阳光的照耀，是一种环境胎教。

❤**供给准妈妈充足、合理的营养，以保持母体内部生理、生化环境的稳定**。尤其是孕中期以后，准妈妈要摄人适量的蛋白质，保证胎宝宝的脑细胞和整个神经系统的正常发育。

❤**夫妻双方通力合作，安排好家庭日常生活**。准妈妈要正确对待和善于协调夫妻关系、婆媳关系、邻里关系和其他人际关系，使自己和别人能有较多的沟通，从而创造出一个良好的、有利于胎教的心理环境。

培养性格的情绪胎教

认识情绪胎教

准妈妈的精神情绪，不仅会影响到自己的精神、食欲、体力等，而且还会影响到胎宝宝的血液供给及心率、呼吸及他在准妈妈腹中的运动，从而间接影响胎宝宝的发育。因此，准妈妈要保持良好的情绪，这是优孕、优生的条件，也是情绪胎教的主旨。

不良情绪对胎宝宝的影响

大量科学实验表明，准妈妈如果处于惊恐、不安、忧郁、悲伤、烦躁等不良情绪中，身体功能，尤其是内分泌功能会发生明显变化，表现为血液中所含化学物质的消耗发生变化，有害物质也会增加，直接影响胎宝宝的发育。

如果在孕早期，准妈妈一直处于不良情绪中，血液中肾上腺皮质激素会增多，过多的肾上腺皮质激素会阻碍胚胎中某些组织的结合，导致下列后果。

❤容易引起胎宝宝畸形，出现唇裂、腭裂等情况。

❤容易引起胎宝宝情感障碍，成人后出现孤僻、暴躁等反社会情绪。

❤容易引起小孩出生后代谢紊乱、体质差、早衰等现象。

❤容易影响胎宝宝智力发育，导致小孩出生后智力障碍。

如何调整情绪

西汉时期的贾谊在其著作中指出，准妈妈不要口出狂言，不要过分兴奋，也不要过度愤怒。他主张准妈妈应胸怀坦荡、乐观而积极，更要控制自己的喜、怒、哀、乐等情绪。

❤**学会体谅他人，保持心胸开阔**。俗话说：“退一步海阔天空”，在家里、单位里，准妈妈都会遇到不顺心的人和事，此时，为了胎宝宝的健康考虑，准妈妈应多从他人立场想问题，理解他人的意见，尽可能避免争议和大动肝火，尤其是跟丈夫相处时，不要因自己怀孕就让丈夫处处迁就自己，动不动就大发脾气，要努力调节好自己的情绪，保持心胸开阔，气血畅通，以利于自身和胎宝宝的健康。

❤**学会淡泊一切，别让欲望干扰平静的心灵**。不要因为一味追求豪华奢侈的生活而无端地生活于不满和不平衡等不良情绪之中，更不要一时任性而脾气失控，无形中伤害了自己，也伤害了胎宝宝。准妈妈也不要抱怨生活的平淡，平淡生活也是一种幸福。

♥**夫妻双方要积极地对待生活，营造和谐的家庭气氛。**丈夫在妻子怀孕期间要多关心和爱护妻子，比如给妻子买好吃的和她爱吃的东西，称赞、赞美妻子，帮妻子做家务，多与妻子交流沟通，尽量按时回家，以免妻子担心等。妻子也要多理解、支持丈夫，体谅丈夫的辛苦。

放飞想象的联想胎教

认识联想胎教

联想胎教也称为意念胎教，是胎教的一种重要形式，是通过想象美好的事物，使准妈妈自身处于一种美好的意境中，准妈妈再运用联想胎教，将自己得到的美好信息传输给胎宝宝，在其身上发生积极的作用。

实施联想胎教的意义

准妈妈联想美好的事物时，会对胎宝宝产生一定的“干预”性，使胎宝宝受到美的熏陶。当然，如果准妈妈联想的内容不佳，则会对胎宝宝起到反面作用。因此，准妈妈应联想美好的事物。准妈妈可以利用自己和胎宝宝之间情绪、意识的传递，通过对美好事物和意境的联想，将美好的体验暗示和传递给胎宝宝。

实施联想胎教的注意事项

准妈妈的联想内容十分重要，美好内容的联想无疑会对胎宝宝产生美的熏陶，内容不佳的联想，则会起到反面作用，或把准妈妈本不想传递给胎宝宝的信息传递给胎宝宝。所以准妈妈在实施联想胎教的时候，一定要想那些美好的事物。

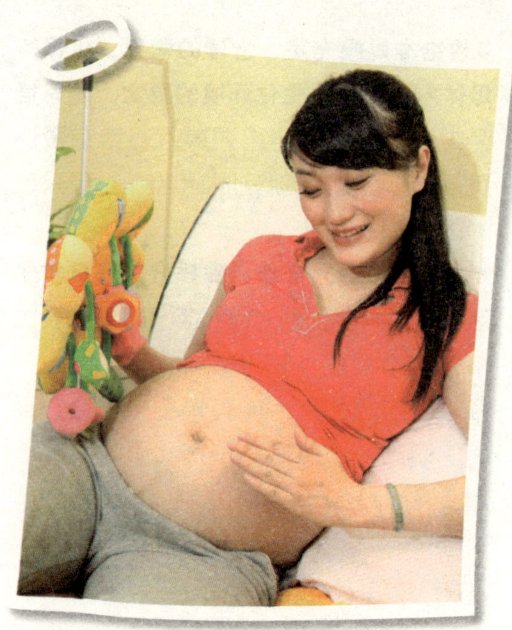

*准妈妈可以想象一些美好的事物，将自己的美好感受传递给胎宝宝。

在日常生活中，一部分准妈妈会因怀孕后身体的不适而责怪胎宝宝，对其产生怨恨的心理以及产生不好的联想，这时胎宝宝就会感受到准妈妈的这种不良感受，从而引起精神上的异常反应。相关专家认为，在这种情况下发育的胎宝宝出生后大多会有情感障碍，出现感觉迟钝、情绪不稳、易患胃肠疾病、体质差等状况。因此，准妈妈必须在怀孕期间排除不良的意识和联想，尽量多想些美好的事物，从冥想开始，放松大脑，憧憬美好的事情，使胎宝宝发育得更完善。

无声胜有声的行为胎教

认识行为胎教

行为是一种无声的语言。研究表明，准妈妈的言行会通过信息传递影响胎宝宝，这就是我们所说的行为胎教。

如何进行行为胎教

我国古代就重视行为胎教，要求准妈妈“目不视恶色，耳不听淫声，口不出傲言”，“需行坐端严，性情和悦，常处静室，多听美言，令人诵读书，陈说礼乐……如此则生男女福寿敦厚、忠孝贤明，不然则生男女鄙贱不寿而愚顽”。

现代科学认为，准妈妈的知、情、意的每一个方面和胎宝宝都有着密切的联系，准妈妈的思想道德、认知水平和日常行为习惯，对胎宝宝后天发展也有一定影响。行为胎教法强调准妈妈在胎教过程中的积极影响和主导作用，注意从内在的、理性的角度上把握胎教的内容。在具体运用时，行为胎教法首先要求准妈妈对怀孕有正确的认识，即把胎宝宝看做是爱的结晶，对其倾注爱心，不应用拒绝、讨厌的态度对待胎宝宝；其次要求准妈妈加强自身思想道德修养，养成良好的行为习惯，处处以身作则，用良好的思想情感影响胎宝宝。

胎宝宝正在肚子中看着你呢！因此，年轻的准妈妈们，为了胎宝宝的身心健康，请在生活中注意自己的言行，加强自己的行为修养，做好胎宝宝的榜样。

✱准妈妈喜欢胎宝宝，胎宝宝也会感知得到，他会努力生长，和你见面的。

可口养生的营养胎教

认识营养胎教

营养胎教是根据孕早、中、晚三期胎宝宝发育的特点及对营养的需求，合理指导准妈妈摄取食品中的营养物质，以食补的方式来预防孕期经常出现的疾病，缓解孕期各种不适，并保证胎宝宝的营养供给为目的的一种胎教。

实施营养胎教的意义

♥**为胎宝宝发育提供充足的营养。**人的生命是从受精卵开始的，从一个重为1.505微克的受精卵，到出生时约3000克的宝宝，这个成长发育的过程全部依赖于母体提供的营养，因为胎宝宝为了完成自身的发育会吸收准妈妈体内储存的营养，久而久之，就会造成准妈妈营养不良，从而出现各种妊娠症状。所以，准妈妈要注意补充营养，以供自身及胎宝宝的营养所需，避免出现营养不良。

♥**为分娩储备充足的能量。**准妈妈及时补充营养能为分娩储存充足的能量，能够让准妈妈分娩时更有力量。

♥**为以后给宝宝哺乳打基础。**产后母乳的多少与孕期营养补充的量有直接关系，为了以后能让宝宝吃到营养丰富并且充足的母乳，准妈妈也要注意补充营养。

如何进行营养胎教

在孕早、中、晚期，准妈妈都要保证自己的营养供给，使之与自己和胎宝宝的需求相对应，这是营养胎教的意义所在。

有益身心的运动胎教

认识运动胎教

有人将运动胎教称之为体育胎教，是指准妈妈通过一定的体育锻炼来达到母子身体健康、促进分娩的一种胎教方法，它建议准妈妈进行适宜的体育锻炼，促进胎宝宝的大脑及肌肉的健康发育，同时也有利于准妈妈正常妊娠及顺利分娩。

✻充足的营养是胎宝宝健康成长的保证，准妈妈不可大意。

实施运动胎教的意义

在漫长的孕期中，运动胎教必不可少。怀孕期间，准妈妈内分泌激素的改变，致使动作灵敏度降低，反应也较迟缓。孕早期，早孕反使准妈妈精神困乏，浑身无力，容易疲劳且活动少，孕中期，因为准妈妈全身血液循环量增加及增大的子宫压迫下肢血管而出现头晕及下肢浮肿等症状，往往使其产生“不想动”的心理。然而，人的功能是“动则盛、惰则衰”，只有通过运动才能使人吸入新鲜的氧气，排出体内的废物，增强身体的抗病能力。所以，运动胎教在整个孕期都显得至关重要。

运动也是胎宝宝生长发育的必由之路。早在怀孕第7周，胎宝宝就开始了自发的“体育运动”。从眯眼、吞咽、咂手、握拳，直到抬手、蹬腿、转体、翻筋斗、游戏……胎宝宝的全身骨骼、肌肉和各器官在运动中受到锻炼和发展，胎宝宝在运动中逐渐长大。所以，当到了孕18周左右，准妈妈就可以明显地感觉到腹中胎宝宝的胎动。

✽实施运动胎教，会促进胎宝宝的大脑和肌肉发育，同时也利于准妈妈保持体型和顺利分娩。

实施运动胎教的注意事项

♥**运动时应保护好腹部。**孕期，准妈妈身体上最重要的部位就是腹部，那里是孕育胎宝宝的环境，平时要特别注意保护，否则一旦使腹部受伤，后果将不堪设想。因此，准妈妈无论是进行体育锻炼，还是做家务劳动，或是在生活中的其他时候，都应该时刻注意保护自己的腹部。

♥**运动时应注意控制运动的幅度和强度。**虽然运动有益于母子健康，但这是在适度运动的前提下才能实现的。准妈妈的运动量以小为原则，也不要从事繁重的家务劳动、不要搬运重物、不要进行剧烈的活动，更不要登上爬下地打扫卫生。对于有过流产史的准妈妈运动时更要留意。

♥**运动时应正确应对不良反应。**运动过程中如果感到身体不适，则应立即采取相应的措施，以保证身体的安全。特别是在孕早期，如果妊娠反应比较严重，则应适当减少工作量和运动量，避免繁重的体力劳动，保证充分的休息。到了孕晚期，准妈妈在运动过程中如出现不适症状必须及时到医院检查，以确定是否有提前分娩的可能。另外，有习惯性流产的准妈妈更应注意运动量，要注意休息，在医生的指导和帮助下从事运动和工作，以保证整个孕期的安全。

陶冶情操的美育胎教

认识美育胎教

美能陶冶性格，净化环境，开拓眼界，具有奇妙的魅力。美的信息传递过程就叫做美育。美育是准妈妈与胎宝宝交流的重要内容，也是净化胎教氛围的必要手段。

美育胎教是指根据胎宝宝意识的存在，通过准妈妈对美的事物的感受而将美的意识传递给胎宝宝的胎教方法。人们通过看、听、体会，享受着世界上各种各样的美，而胎宝宝无法看到、听到、体会到这一切，所以准妈妈要通过自己的感受，将美的事物经神经传导输送给胎宝宝。美育胎教也是胎教学的一个重要组成部分，包括自然美育、感受美育等方面。

实施美育胎教的意义

美育胎教运用审美心理学的知识，强调胎教中准妈妈的审美感知、审美情感、审美想象、审美理解，从而达到优化和加强胎宝宝心理素质、陶冶胎宝宝情操的目的。

如何进行美育胎教

进行美育胎教时，准妈妈必须注意所选事物的优劣，尽可能欣赏美的东西，如美丽的大自然、动听的音乐等，这样能使胎教发挥积极的作用。反之则会使胎教失去教育意义。

♥**给胎宝宝“欣赏”文学作品。**准妈妈应当看一些轻松、幽默、积极向上的作品，如《木偶奇遇记》、《克雷诺夫寓言诗》、《三毛流浪记》、《塞外风情》、《长江三日》、《西游记》、《儒林外史》、《钢铁是怎样炼成的》，以及《安徒生童话》、《格林童话》等。另外，朱自清、冰心、秦牧等作家的散文作品优美隽永，耐人寻味，也应列入可欣赏作品内。

♥**多看漂亮宝宝的照片。**准妈妈的所见所闻及所感，会经由准妈妈脑内的神经传给胎宝宝。胎宝宝的成长，离不开母体，营养从母体吸取，智力发育来自母体的刺激。准妈妈营养好，胎宝宝就营养好，准妈妈开心，胎宝宝也跟着开心。准妈妈看漂亮宝宝的照片，觉得赏心悦目，这种“靓”心情，自然会影响到胎宝宝，胎宝宝的“心情”也会变“靓”。准妈妈长期看靓像，胎宝宝就长期受到陶冶，久而久之，胎宝宝也会变得健康、漂亮起来。

✻准妈妈要多看漂亮宝宝的照片，腹中的胎宝宝也会变得漂亮起来。

最成功的斯瑟蒂克胎教

认识斯瑟蒂克胎教

一对普通的夫妇从科学的胎教开始，把四个女儿都培养成了天才，根据这对夫妇的名字，将此胎教法称为斯瑟蒂克胎教法。

它的主要特点是常跟胎宝宝讲故事和利用卡片教她们认识字母与数字，以促进他们在身体和智力上的发育。

本胎教法需要在怀孕前制订一套完整的怀孕计划，并按阶段将其付诸实践。

斯瑟蒂克胎教的意义

首先是健康状况。斯瑟蒂克认为，准妈妈身体必须健康，这一点是不容置疑的，将成为父亲的准爸爸的健康状况也必须调整到最佳状态，因为准爸爸的基因也会影响到胎宝宝的健康。

其次是做好心理准备。这是斯瑟蒂克进行胎教时的必备功课。她认为，胚胎的健康与否并不是完全依赖于遗传因素，创造新生命的父母的心理是否健康，也是相当重要的。

所以，夫妻双方对怀孕应该做好充分的生理准备和思想准备，不要出现当发现怀孕时觉得非常慌张或沮丧的情况。

如何实施斯瑟蒂克胎教

在实施斯瑟蒂克胎教法时应注意长期坚持，并做到长久地坚持下去。

♥**阅读有图画的书籍。**我们都知道童话书对胎宝宝有很大的益处。斯瑟蒂克夫人是一个思想朴实的人，但她始终牢记着要给胎宝宝朗读印有美丽图画的童话书。插画的线条和色彩鲜明、文字内容丰富的童话书可以把梦想、希望和友情的概念传递给胎宝宝，子宫对话的范围瞬间变大。

♥**灵活地运用卡片。**准妈妈在为胎宝宝讲解数字、文字和图形等概念的时候，应灵活运用卡片，让卡片变得生动起来，可以在白色的图纸上用鲜明的颜色写下文字或数字等内容，然后把图纸裁剪成卡片。接下去可以首先简单地说明符号的样子，然后描述一下联想到的相关画面，最后再直接拿实际生活中的对应事物举例，让胎宝宝留下深刻的印象。

♥**源自心底的母爱。**除了胎教方法得当这个重要的原因之外，另一个不能不提的根本原因就是伟大的母爱。从斯瑟蒂克胎教法中极为朴实的胎教内容就可以看出，要想和这对夫妇一样持有坚定的信念和积极的行动并不是一件容易的事，如果没有对宝宝的爱是不会成功的，斯瑟蒂克夫妇的成功告诉我们，应该让自己内心对胎宝宝的爱变为胎教的根源和基础，而不是对胎宝宝的某一种简单的期望或者目标，只有做到这一点，胎宝宝这棵小树才能结出丰硕饱满的果实。

♥**要坚持不懈地实施。**整个孕期，准爸爸和准妈妈都要一成不变，坚持不懈地做胎教。坚持，是唯一一个让胎宝宝信赖准妈妈的方法。

专题 胎教成功的要素

良好的胎教对促进胎宝宝的智力、情绪、品质等健康发展有重要意义，了解胎教成功的要素对于准爸妈十分重要。

♥准爸爸和准妈妈在孕前就要做好准备，选择最佳受孕时间，确保受精卵质量。如服避孕药，则应在停药半年后再怀孕。

♥准妈妈应尽量早些确诊自己怀孕，这样就能有针对性地避免有害因素，如x射线、同位素、农药、病毒感染、无意服用有害药物等对胎宝宝带来的伤害。

♥定期进行产前检查，这样就可以避免孕期发生意外，如有合并症（如心脏病、糖尿病等）及并发症（如妊娠高血压综合征等）的准妈妈要在医生监护下进行相应保健和治疗。

♥积极参加胎教，准备要宝宝前或刚一怀孕，准爸爸和准妈妈就应进“胎宝宝课堂”学习如何进行孕期保健，如何进行胎教，如何做准爸妈。还要提前掌握0～3个月宝宝保健及教育的知识，这样才能保证照料好出生后的宝宝。

♥准妈妈分娩胎宝宝时，一定要积极配合争取自然生产，尽量不采用剖宫产。避免因错误地认为剖宫产好，因v此不配合医护人员而造成难产。

♥胎教要延续到宝宝出生之后，出生后准爸爸和准妈妈还要不失时机地对宝宝进行全方位的继续教育。

胎教成功的秘诀，是准爸爸和准妈妈相信胎宝宝的能力，并且能持续不断地对胎宝宝倾注爱心与耐心。胎教的各种内容都是围绕一个目的，那就是对胎宝宝输入良性信息，确保胎宝宝生存的内外环境良好，使胎宝宝在自然的、无意识的探索中健康成长。一切胎教内容都应当在胎宝宝清醒时进行，而一厢情愿、拔苗助长式的胎教只会适得其反。这也应该成为胎教成功的重要因素。

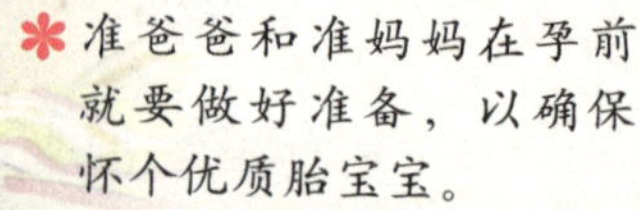

✻准爸爸和准妈妈在孕前就要做好准备，以确保怀个优质胎宝宝。

我的备孕笔记

年 月 日 星期

1 自我感觉（记录下近阶段的心情、睡眠、食欲、排便等情况）

2 自我检查

体重（千克）：	体温（摄氏度）：
血压（毫米汞柱）：	其他：

3 为将来的宝宝我改掉了以下习惯

4 为将来的宝宝我做的其他努力

5 准爸爸为将来的宝宝做的努力

6 还需要记下的其他事情

Part 3

迈出胎教的第一步——从受孕开始胎教

每位80后的准爸妈都希望自己的宝宝健康聪明，最好还有点艺术气质，这就要求准爸妈迈好胎教的第一步，因此，准爸妈在受孕就要开始胎教，怀孕后，市场上备受推崇的精神胎教成了80后准爸妈主力军力捧的产物。这段时期，80后小夫妻们在思想上要树立成为父母的意识，认识自己的角色转变，并做好养胎护胎工作，以最好的状态投入到胎教中去……

为脑部发育打基础

——怀孕1～4周的胎教方案

怀孕1个月的时候，大多数准妈妈还不知道自己腹中已经开始孕育小生命了。孕1月是卵裂期、胚层期和肢节期，胚胎的生长速度很快，到第1个月末，胚胎的体积能增长近10000倍，已经有1厘米左右。此时准妈妈的血液也开始在小生命的血管内蔓延，小生命的心脏已经初具模型。

本月胎宝宝的发育情况

严格说来，孕8周以前，胎宝宝应该被称为胎芽。受精后7～10日，受精卵便在子宫内膜着床，经过多次分裂，受精卵形成一个细胞团，而且越长越大，同时开始分化，一部分变成胎宝宝，另一部分变成了供给胎宝宝营养并保护胎宝宝的附属器官。

在胎宝宝整个生长发育过程中，脑是最先发育的部分。由脑、神经及各种感官组织（眼、耳、鼻等）组成的头部，在胚胎早期约占整个身体的一半。

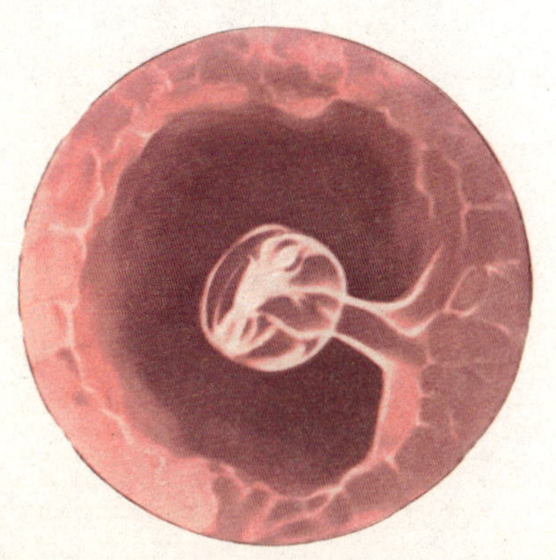

心脏第2周末开始成形，第3周左右开始搏动，而且肝脏也在这个时期开始明显发育。眼睛和鼻子的原型还未生成，但已能依稀看出嘴和下巴的轮廓了。脐带也是从这个时期开始发育的。孕3周时，神经管开始形成。到孕4周时，胚胎已成胚子，大小为0.4～0.7厘米，重量约为1克，肉眼已可见。

胎宝宝的形状像只小“海马”，身体分为两部分，头部非常大，约占身体的1/2，头部直接连着身体，而且有长尾巴。这时的手脚非常小，几乎看不见，头部眼、鼻等器官也不明显，整个胚子被一种绒毛组织覆盖，这种绒毛组织不久后就会发育成胎盘。

本月准妈妈的变化

实际上，受精卵形成的1周之内还不能称为怀孕。准妈妈开始出现怀孕迹象，常是在2周以后，不过有些人的身体会有发寒、发热、慵懒困倦及难以成眠等症状，因一时未察觉是怀孕，往往还误以为是患了感冒。这时子宫的大小与未怀孕时相同，还没有增大的现象。但是子宫内膜在受精卵着床后会变得比较柔软、比较厚，以保护刚刚形成的胚胎。受孕初期，准妈妈的基础体温一般稍高，且会持续3周以上，比较敏感的准妈妈身体会出现类似感冒一样的症状，少数准妈妈还会出现恶心、呕吐等妊娠反应。这个阶段，准妈妈的身体不会有特别的感觉，外表也没有特殊变化，但卵巢已经开始分泌黄体激素。黄体激素可促进乳腺发育，准妈妈会感到乳房稍变硬。乳头颜色也会变深并且变得很敏感，稍微触碰就会引起痛感。当然，这种情况并不是一定会出现，因人而异。

本月需要注意的事项

孕1月是胎宝宝的胎盘发育的关键时期，胚胎对于各种致畸因子都高度敏感，外界不良刺激很容易影响到它。

这段时间，准妈妈不能接触有毒物质，戒烟忌酒，远离噪音污染，尤其是要避免伤风感冒或感染性疾病。此时的准妈妈免疫力较低，一旦患感冒就容易发热，而且高热和代谢紊乱产生的毒素会刺激子宫收缩，有造成流产的可能。因此，准妈妈一旦患感冒，一定要谨慎用药，如果症状较轻，尽量不用药物治疗，多休息，多喝开水，症状较重，则应遵从医嘱进行治疗，切忌自行吃药。

孕早期，准妈妈要保证摄入充足的营养，保持良好的身心状态，而且最好避免性生活，以免发生流产。

此外，研究表明，准妈妈体温比正常体温上升1.5℃时，胎宝宝脑细胞的增殖、发育就会停滞；当准妈妈体温较正常温度上升3℃时，则有可能杀死胎宝宝的脑细胞。所以从怀孕开始，准妈妈就不能在高温环境下工作与生活，而且不要用力按揉腹部。

本月胎教要点

从受孕直到怀孕第3个月为止，对胎宝宝而言，各器官开始形成，是一个非常重要的阶段。孕1月就可以开始胎教，只不过胎教的主要内容是要求准妈妈注意营养，为胎宝宝提供良好的子宫环境。

关注受孕瞬间的胎教

精子与卵子结合的瞬间可以决定宝宝的一生。甚至夫妻性爱时的情绪状态不同，精子和卵子的相遇状况也会千差万别。因此，准爸爸和准妈妈不能忽视受孕的瞬间。

在已经选择好的最佳受孕日里，夫妻应尽早回家，在和谐愉快的气氛中共进晚餐，播放一些抒情优美的轻音乐，边听边进行感情交流。当双方在情感和行为等都达到高度协调时同房。同房过程中，夫妻要积极进入“角色”。丈夫要尽量使妻子达到性高潮，那时血液中的氨基酸和糖原能够渗入阴道，使阴道中的精子获得能量而加速运行，保证最优质的精子与卵子结合。

制订一份可行的营养计划

充足的营养可以促进胎宝宝的大脑发育，因此，营养是开展胎教的物质基础。只有丰富、均衡、恰当的营养，才能保证准妈妈可以适应孕期各个阶段生理上的变化，使母子健康。孕1月，胎宝宝还很小，只需要极微量的营养。如果准妈妈孕前饮食就很均衡，现在适量补充蛋白质、脂肪、碳水化合物、无机盐、维生素和水就可以了。

准爸爸和准妈妈要在受孕前3个月至孕后3个月服用叶酸。每天服用叶酸0.4毫克，可以预防胎宝宝神经管畸形。叶酸含量丰富的食物主要有芦笋、梨、香蕉、豆类、西蓝花、蛋黄、豌豆、动物肝、菠菜、草莓和酸奶等。

酸奶　　香蕉　　菠菜　　草莓　　梨

做一些孕期运动有助于胎教

本月准妈妈可以适时开展胎教体操，不仅可以增强母子体质，同时这也是早期进行间接胎教的手段之一。准妈妈可以开展散步，做孕妇体操等运动。

准爸爸胎教课堂

当妻子羞涩地告诉准爸爸“我有了”时，准爸爸的兴奋、喜悦、激动之情便会油然而生，可是此时的你是否意识到自己角色的转变呢？兴奋之余，就应该努力去做一个称职的准爸爸，并正式进入准爸爸的角色。

及时进入胎教角色

准妈妈怀孕后，身心都会发生很大变化。如果准妈妈在孕期情绪低落，胎宝宝出生后即使没有出现畸形，也会出现喂养困难、智力低下、个性怪癖、容易激动等现象。为避免这种情况发生，准爸爸要及时进入胎教角色，用深沉的父爱去培育妻子腹中的那个幼小的新生命。

♥**丰富生活情趣**。准爸爸早上可以陪妻子一起到环境清新的公园、树林或田野中散步，做做夫妻保健操，和妻子一起晒晒太阳。这样，妻子也会感到丈夫温馨的体贴，心情自然舒畅这对于胎宝宝来说，就是一种胎教。

♥**学会倾听**。妻子怀孕后体内激素分泌增多，还会产生令人不适的妊娠反应，情绪不稳定，特别需要向丈夫倾诉。这时，准爸爸一定要耐心倾听，了解准妈妈的内心世界，给准妈妈安慰和关怀，帮助妻子走出消极情绪。

♥**学习胎教知识**。胎教是门科学，也是一门学问，准爸爸要认真学习并掌握其方法，用爱去与胎宝宝交流，用智慧和胎宝宝沟通。为此，准爸爸不妨去书店里多买几本有关胎教、育婴方面的书籍，拿回家要细细研读，用到实践中，而不能束之高阁。

准爸爸要明确自己的责任

♥**要多关心体贴准妈妈**。此时的准妈妈可能一下很难适应怀孕所带来的各种影响，情绪波动很大，因此准爸爸要比以前更加爱护准妈妈，体谅准妈妈，不乱发脾气，多慰藉准妈妈，保证准妈妈有良好的心情和愉悦的情绪。

♥**要注意戒烟禁酒，保持生活环境卫生**。准爸爸要努力为准妈妈和胎宝宝创造一个干净、舒适的环境。

✻准爸爸准备关于孕期指南及育儿方面的书籍，和妻子一起制订一个孕期日程表，罗列每个月该做的事情。

孕期第1周

为胎宝宝准备好胎内环境

孕前做一次优生咨询

建议准爸爸和准妈妈去医院做一次优生咨询，向医生详细说明自己的身体健康状况，并且把家庭中其他成员的健康状况也向医生讲清楚。

尤其是具有下列情况之一的，更应进行优生咨询：

♥没有采取避孕措施，但不孕者。

♥曾有原因不明的习惯性流产、早产、死产、死胎史的女性。

♥有遗传病家族史的夫妇。

♥早孕期间有致畸因素接触史者，如曾有过病毒感染、弓形体感染、接受大剂量放射线照射、接触有毒有害农药或化学物质以及长期服药等。

♥高龄准妈妈和曾生育过畸形儿的产妇。

♥既往曾患严重疾病的女性。

孕前做一次全身检查

有健康快乐的父母，才有健康快乐的宝宝！因此建议夫妻双方在准备怀孕的前半年～3个月去医院进行全面的身体检查，这不仅仅是为了胎宝宝的健康，更是为将来养育儿女的漫长岁月储备能量。

怀孕前应做的化验项目包括风疹、巨细胞病毒抗体、血型、血常规、尿常规、宫颈涂片、肝肾功能、乙肝五项等。如果准妈妈已超过35岁，那么最好再做乳房X光摄影。

如果准妈妈原本患有一些慢性病，如贫血或出现过习惯性流产等，医生可能会建议做一些特殊的检验。

如果准妈妈已经决定进行放射性检查，一定要在检查之前确认没有怀孕，这些检查包括照X光、电脑断层扫描及核磁共振造影等。如果必须接受一连串的这类检查，那么最好推迟怀孕时间。

孕前需进行防疫

在孕育胎宝宝的10个月里平平安安，不受疾病的干扰，是每位准妈妈的心愿。加强锻炼、增强机体抵抗力确定可以减少疾病的发生。但针对某些传染性疾病，最直接有效的办法就是注射疫苗。目前，我国还没有专为准备怀孕阶段的女性设计的免疫计划。但是专家建议下列五种疫苗最好能打：

♥**甲肝疫苗**。接种甲肝疫苗8周左右，便可产生很高的抗体，获得良好的免疫力。接种疫苗后3年可进行加强。但应注意至少在孕前3个月进行接种。

♥**乙肝疫苗**。免疫率可达95%以上，有效期为5～9年。如果有必要，可在注射疫苗后5～6年时加强注射一次。按照1、6的程序注射。即从第一针算起，在此后1个月时注射第二针，在6个月时注射第三针。建议在孕前9个月进行注射。

♥**风疹疫苗**。有效率在98%左右，可达到终身免疫。至少在孕前3个月进行接种。

♥**流感疫苗**。免疫力可达1年左右。如果准备怀孕的前3个月，刚好是在流感疫苗注射期，则可考虑接种。如果已经怀孕，应询问医生安全与否。

♥**水痘疫苗**。免疫力可达10年以上。至少在孕前3～6个月接种。

保持平和的心态

准妈妈的精神情绪，不仅影响本人的食欲、睡眠、精力、体力等，而且可以通过神经体液的变化，影响胎宝宝的血液供给、心率、呼吸和胎动等许多方面的变化。如果准妈妈情绪不佳就可能对胎宝宝产生不利影响。因此，从确诊怀孕的第1天起，准妈妈就要树立“宁静养胎即胎教”的观念，以平和的心态面对孕期。

实验观察表明：孕1个多月，如准妈妈情绪过度紧张，可能导致胎宝宝发生兔唇，如准妈妈受到惊吓、恐惧、忧伤、悲怒等严重刺激，或其他原因造成的精神过度紧张，会造成大脑皮质与内脏之间不平衡，彼此关系失调，引起胎宝宝循环紊乱，严重者可直接导致胎宝宝死亡。可见，准妈妈情绪虽然属于间接胎教，但对胎宝宝的大脑发育有直接影响，务必要引起足够重视。以下介绍一些准妈妈怀孕时自我调节情绪的方法：

♥胸怀宽广，乐观舒畅，多想宝宝远大的前途和美好的未来，避免烦恼、惊恐和过多的忧虑。

♥把生活环境布置得整洁美观，赏心悦目；挂几张漂亮的宝宝挂图，准妈妈可以天天看，想象腹中的宝宝也是这样健康、美丽、可爱。

♥饮食起居要有规律，按时作息，适当地劳动和锻炼；衣着打扮、梳洗美容应首先考虑是否有利于胎宝宝和自身健康。

♥常听优美的音乐；常读诗歌、童话和科学育儿书刊；不要看恐怖、紧张、色情、暴力的电视、电影、录像和小说。

✻准妈妈多欣赏大自然美好的景色，也可自己在家栽花种草，美化室内环境，这样可以为胎宝宝创造良好的宫内发育环境。

孕期第2周

调整心情，为胎教做准备

怀孕了，一颗悬着的心落地了

对于自己是否怀孕了，一些女性总是患得患失，一会儿觉得自己没有怀上，一会儿又觉得自己怀上了。要想知道自己是否已经怀孕，可以利用早孕试纸，用这种方法检测，操作简单方便，而且准确度也很高。

早孕试纸检测方法很简单，以下是操作中的一些注意事项，希望想知道自己是否怀孕的女性，能够从中得到一些启示，以便得心应手地使用试纸。

✱早孕试纸上出现了两条杠，真是开心。

♥**开始测试的时间**。早孕试纸测试的原理是检测人体绒毛膜促性腺激素。这种激素是由早孕绒毛制造的，一般在怀孕几天后就会出现在血液里。但由于量少，开始不易检测出来，直到月经迟来10～14天后才日益明显，从而被检测出来，所以测试的准确性也受时间的影响。因此，不要因为月经迟来一天，就疑心自己怀孕了，盲目地使用测孕试纸检测。一般月经晚来一周之后再检查才能得到明确的结果。

♥**检测时刻**。一般来说，清晨起床后的第一次尿液中含有较高的人体绒毛膜促性腺激素，能更准确地反映出是否怀孕。如果是在其他时间检测，准确度可能会降低，而晚间检测，其准确率更会大打折扣。所以，早孕试纸最好在清晨起床后使用。

此外，准妈妈还可以通过基础体温、宫颈粘液、妇科检查、黄体酮试验、B超检查来判断自己是否怀孕。

♥**消除准妈妈的忧虑**。如果准妈妈确定已怀孕，心理上容易产生负担，如担心怀孕和哺乳会使自己的体形发生变化，对分娩过分害怕，对胎宝宝性别有很高的期盼等，这就需要准爸爸、亲属、医生给予耐心的解释，及时消除这些多余的担心，使其能正确地认识怀孕。

准妈妈还可以适当多听一些轻松愉快、诙谐有趣、优美动听的音乐，使自己不安的心情得以缓解，在精神上得到安慰。

平静愉快的心情有助于胎教

要养育小生命，除了要保证充分的营养之外，准妈妈的爱心对胎宝宝来说也是一种重要的“养分”，准妈妈的精神状态会直接或间接地对胎宝宝造成影响。

当准妈妈情绪激动时，胃液的分泌会减少、肠机能降低，因此会影响食欲。胃和肠不能充分工作，吃下去的食物不能完全消化，导致腹中的胎宝宝不能获得足够的养分，便会对正常成长造成障碍。

*准妈妈要保持平静愉快的心情，积极地面对十月怀胎的日子。

很多准妈妈在孕早期都较容易情绪不安，但是为了胎宝宝的健康，就算准妈妈心情再不好，有多么不开心的事情，也应该一笑了之。时时拥有一颗平静愉快的心，过着充实舒畅的生活，对胎宝宝来说，这就是最好的胎教。

为胎宝宝准备一个宁静的“胎内床”

♥**强健子宫**。准妈妈要注意休息，避免经常下蹲劳动或干重活，使腹压增加。准妈妈也要注意避免饮食刺激“胎内床”，要减少高脂肪食物的摄人，高脂肪食物会促进某些激素的生成和释放，而子宫肌瘤的形成与大量雌激素刺激有关，因此要坚持低脂肪饮食，同时要多喝水、合理的保持膳食结构。

♥**准妈妈在怀孕期间要保持良好的睡眠**。如果准妈妈晚上在床上翻来覆去睡不着，肚子里的胎宝宝也就不能安稳地进人梦乡。专家建议，准妈妈每天除了保证8小时的夜间充足睡眠外，在白天还应该至少有1小时的休息时间，而且还要注意提高自己的睡眠质量。只有准妈妈有良好的睡眠，腹中的胎宝宝才能睡得香。

♥**让催眠曲伴着胎宝宝进入梦乡**。准妈妈在休息时，如果能够在旁边放上一些轻柔舒缓的催眠曲，那么胎宝宝就更加容易进入睡眠状态。

孕期第3周

亲爱的，我有喜了

正确计算预产期

确定自己怀孕后，准妈妈都想知道宝宝什么时候出生，这里有一些简单的方法，可以帮助你更好地确定预产期。

♥**以最后月经为基准。**若最后月经来潮是在1～3月份，那么用该月数加上9，即是准妈妈分娩的月份；若最后月经来潮是在4月份以后，则用该月数减去3。再把准妈妈最后月经来潮的日数加上7，即是分娩的日数。

✻正确计算预产期，可以为迎接胎宝宝出生和营养保健的安排做好各项准备。

♥**B超检查推算。**B超检测可以测出胎囊、胎宝宝坐高、胎头双顶径和胎宝宝股骨长度的径线，用测得的数值对照正常值表，可以知道相对应的孕周，在此日期上加上40周的得数就是预产期。

♥**测体温法。**如果按照基础体温曲线来推算预定期，那么，从排卵日到分娩为266～270天。排卵日一般也可视为受精日，因此，此法的准确性极高，是最科学的推算方法。在基础体温的曲线中，低温期的最后一天便为排卵日，再加上38周（266天），或于此日的月份加9、日数减7就是预产期。

让周围的人知道你怀孕了

怀孕2个月，准妈妈的身体已经开始出现了一些孕期特有的变化，心理上也开始接受了这个现实。此时，胎宝宝正在准妈妈的腹中一天天长大。

胎宝宝从一个受精卵到现在，他的人类特征已经日益明显，脑、胃、肠、肝、肾脏等器官也开始慢慢形成，所以这时候的胎宝宝已经可以被叫做“人”了。

除了丈夫和家人的帮助和照顾外，如果准妈妈是职业女性，此时也有必要向自己的同事说明自己的身体情况，以便在工作中获得同事的理解。

这还要求准妈妈平时就要和周围的人处理好关系，在良好的氛围中边享受初为人母的喜悦，边愉快地开展工作。

丰富准妈妈的生活

平时，准妈妈除了听音乐外，还可以进行画画、观看艺术表演等活动，以提高艺术修养。同时，准妈妈还可以加强“专业”学习，特别是孕晚期，还可与胎宝宝一起学习，如看看儿童读物、读读外语等。

闲暇时，准妈妈可以和准爸爸一起参加胎教培训班，共同学习育儿知识，并在生活中得以实践，这对提高胎教质量，促进胎宝宝健康成长有积极的影响。

重视胎宝宝的营养供应

胎宝宝出生前已形成140亿个神经细胞，细胞数量达到顶点，出生后不会再增加，而只是细胞质量会进一步发展和提高。也就是说，胎宝宝如果在细胞增殖分化期营养不足，出生后即使喂养得再好，脑细胞数目也不能达到正常水平。所以说，准妈妈在孕期补充营养是改善胎宝宝生长发育条件的有效途径。如果准妈妈营养状况良好，胎宝宝出生时，脑重量可达350克左右。若孕期能充分保证以下8种营养成分的供应，就能在一定程度上促进胎宝宝大脑细胞的发育，它们分别是：脂肪、蛋白质、碳水化合物、B族维生素、维生素C、维生素E、维生素A、钙。

✻准妈妈不要挑食，胎宝宝喜欢均衡的营养。

没有妊娠反应或妊娠反应消失怎么办

大多数准妈妈在怀孕初期都会有一些妊娠反应，如恶心、呕吐、疲倦、嗜睡等，如果从一开始就没有出现任何反应或妊娠反应突然消失，还伴有阴道出血，那么，准妈妈就要特别小心了，应及时去医院就诊，医生会为准妈妈做类似阴道出血情况发生时的鉴别诊断，如很简单的超声波检查，以检查准妈妈的怀孕周数是否与超声波显示的胎宝宝大小相符，借以诊断胎宝宝的状况是否正常。

孕期第4周

安排好手里的工作是胎教的第一步

为胎教工作开一个好头

《千金方·徐之才逐月养胎方》中指出："一月之时，血行否涩，不为力事，寝必安静，无令恐畏。"意思是说，孕1月，准妈妈血液的运行还很滞涩，最好不要做力所不能及的劳动，睡觉时需要有安静的环境，而且还要尽量避免恐惧害怕的情绪。但由于妊娠产生的反应，准妈妈容易情绪不快，精神疲倦，烦躁不安。这时特别需要增加精神鼓励与饮食营养。准爸爸或其他家人应给予精神上的抚慰，努力调节好日常生活，给准妈妈看些描述天伦之乐的图书，准爸爸还应陪妻子定时到户外散步，协助做胎教练习等。建议准妈妈做到：

孕期准妈妈要保证充足的睡眠，这也是胎宝宝健康发育的保证。

❤**保证充足的睡眠**。充足的睡眠可以提高准妈妈身体的免疫力，增强生殖器官组织的机能，有助于为胎宝宝营造良好的宫内环境。

❤**保证充足的营养供给**。饮食同样很重要，准妈妈每天应该补充新鲜蔬菜、水果、鸡蛋、牛奶、瘦肉等富含优质蛋白的食物，做好营养储备，为胎宝宝的成长助力。

准爸妈要合理安排生活和工作

很多准妈妈在孕期都选择继续上班，如何合理安排好工作和休息，就成了一件重要的事情。准爸妈应根据怀孕时期胎宝宝发育的不同生理特点以及自己的特长和愿望，对胎宝宝进循序渐进的胎教，此时的胎教包括选择好胎教方法、安排好胎教时间、准备好胎教教材、记录好胎教日记等几个方面。

现代社会竞争日益激烈，许多准妈妈即使怀孕了也不敢怠慢工作，但是职场中有很多因素是不利于胎宝宝发育的，因此要提醒各位准妈妈，只有做足功课，避开职场中的怀孕危险因素，胎宝宝才可以健康成长。

此周准妈妈子宫内的胎宝宝处于不稳定的状态，很容易发生流产，这也是准妈妈应该合理安排好工作和休息的另一个原因。

准妈妈怀孕前不用辞掉工作

许多过来人建议，如果家庭有经济压力，准妈妈最好维持现在的工作。另外，如果身体健康，丈夫工作较忙，准妈妈最好也能继续工作，这样生活有寄托，就不会胡思乱想了。如果有习惯性流产、怀孕状况不稳定、工作性质不适合准妈妈的情况，或许可以考虑辞掉工作或向公司申请停薪留职。

工作在一定程度上是有利于孕早期的胎儿发育的，但是切忌从事过于劳累、过于危险或有辐射的工作，以免对胎儿发育产生影响。

准爸爸的工作安排

一个宝宝会使生活开支大幅增加，为了减少后顾之忧，一般来说，假如准爸爸原来的工作已经不能满足生活的需要，但是由于前途不明确，专家建议还是不要轻易放弃稳定的工作。许多准爸爸希望多点时间照顾家里，但是又不想为此失去一份工作，这时候就需要调节工作弹性，可以采用替班、兼职、减少工作时间、在家上班以及休假等方式获得更多陪伴妻子和胎宝宝的时间。

晒晒你的备孕账单

对于许多刚结婚，却面临着生育问题的年轻人来说，需要准备什么？需要注意什么？这些问题都比不上需要准备多少人民币更现实。千万别被报道中明星生育的“天价账单”给吓住。葛先生家的胎宝宝刚满2个月，此外，葛太太是个理财高手，所以我们不妨暂时借用小葛家的“备孕账单”：

首先，各类维生素营养片、孕妇奶粉、孕妇衣服、产妇衣物等花在准妈妈身上的开销就达到3000元左右。另外，小葛太太当时给即将出生的宝宝罗列了一张购物清单，上面密密麻麻地记录了40多项物品，这一笔又花去了小葛夫妇4000元左右。最后，如果是剖宫产，又要付9000多元。除此之外，宝宝的预防针、教育基金以及请保姆、月嫂的费用约为6000元。当然，小葛家的账单较为细致，考虑到不同家庭的需求不一样，而且各地的消费水平也有较大差异，所以我们将所需费用定在20000～30000元，这大致应该是普通家庭所需的生育费用。

专题 接受过胎教的宝宝有哪些优势

科学研究表明，对胎宝宝进行教育，对宝宝的成长发育好处颇多。受过胎教的宝宝与其他没有受过胎教的宝宝相比，有很大区别：

睡眠好、很少会哭闹	接受过胎教的宝宝身体健康，体内营养充足，很少有不适感，睡眠良好，较少哭闹。宝宝比较容易养成正常的生活规律，如在睡前播放胎教音乐或准妈妈哼唱催眠曲宝宝就能很快入睡，满月后就能养成白天醒、晚上睡的习惯。
会继承父母的优点	实施胎教的父母多以良好的品性来诱导胎宝宝，胎宝宝在成长和发育过程中，接收的都是父母优秀品性方面的信息。另外胎宝宝本身具有巨大潜能，胎教开发出胎宝宝的潜在优良品行，也就会多表现出一些优点来。
乐感强、智商高	经过音乐胎教训练的宝宝乐感较强，易喜欢音乐。音乐优美的旋律，激发了宝宝大脑的发育，开发了智力，提高了智商。手指的活动也会刺激大脑的发育，具有开发大脑的功能。
品质优良	受过胎教的宝宝由于其父母始终注意灌输真、善、美的东西，使他们从小就易表现出文明、礼貌、谦虚、谦让、关心别人、有爱心、对事物有热情，有积极的生活态度等品质。
能较早地与人交往	宝宝出生2～3天就会用小嘴张合与大人“对话”，20天左右就会逗笑，2个多月就能认识父母，3个多月就能听懂自己的名字。
较早学会发音	受过胎教的宝宝，2个月时会发几个元音，4个月会发几个辅音，5～6个月发出的声音能表达一定的意思。
较早地理解语言	受过胎教的宝宝，4个半月时能认出第一件东西，6～7个月时能辨认手、嘴、水果、奶瓶等，还会较早学会用姿势表示语言，会做“欢迎”、“再见”、“谢谢”等动作，也能较早理解别人的表情，特别聪明可爱。
能较早地学会说话	受过胎教和早教的宝宝9～10个月时，就会有目的地叫爸爸妈妈，如果出生后不继续给以发音和认物训练，胎教的影响在6～7个月时就会消失。受过胎教和早教的宝宝在20个月左右便能背诵整首儿歌，并且也能背数字。而且受过胎教的宝宝入学后成绩都比较优秀。

本月胎教月记

年　月　日　星期　　孕　月　周

❶ 自我感觉（记下自己的异常感觉及饮食、二便、睡眠情况）

❷ 自我检查

体重（千克）：	腹围（厘米）：
血压（毫米汞柱）：	子宫底高度（厘米）：
胎动（次/分）：	脉搏（次/分）：
下肢浮肿：无□ 轻□ 中□ 重□	其他：

❸ 产前检查

❹ 医嘱和用药情况

❺ 精神状况和其他事情

❻ 胎教记录

关注孕吐并加强营养

——怀孕5～8周的胎教方案

这个月，胎宝宝可能会恶作剧，让准妈妈胃口不好，甚至连喝水都变得困难，这些都会使准妈妈心绪不宁。准爸爸不妨陪准妈妈出去呼吸一下新鲜空气，听听悦耳的音乐，让腹中的小胚芽快乐成长。

本月胎宝宝的发育情况

孕2月，胎宝宝的头、躯干的轮廓依稀可见，尾巴也小了一些，这个阶段的胎宝宝仍然被叫做“胚芽”，身长3厘米左右，体重约4.5克。人体器官，如心、脑、眼、耳、口、鼻、四肢等基本长成，且能以肉眼分辨出眼睛、耳朵、嘴巴等部位。手指和脚趾完全分开并开始长出指（趾）甲。胃、肠、肝脏、心脏等内脏已初具规模。大约80%的脑、脊髓神经已出现。

此时从外表上还分不出性别，但内外生殖器官的原基已经能够辨认。在羊膜腔里积有羊水，胎宝宝好像漂浮在里面。子宫内的底蜕膜内绒毛不断繁殖，开始准备制造胎盘。而且出现了形成脐带的组织。

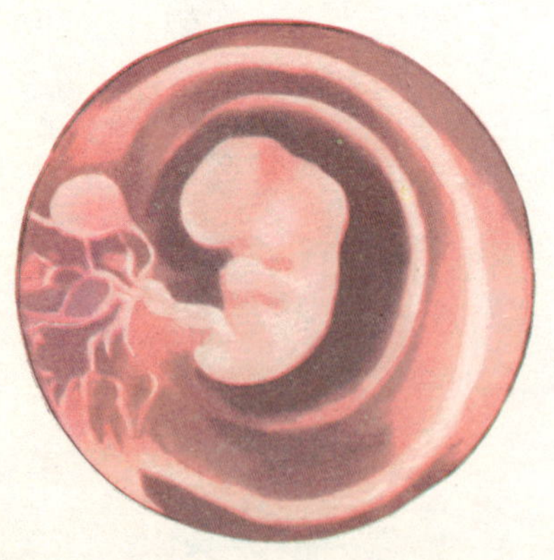

本月准妈妈的变化

孕2月，准妈妈身体外形还未发生明显变化，体重没有显著增加，子宫像鹅卵一样大，比未怀孕时稍微变化了些，基础体温呈现高温状态，下腹部和腰部稍微凸出，乳房发胀，同时还出现尿频、白带增多、乳房增大、乳房胀痛、腰腹酸胀等不适症状，有些准妈妈甚至会出现头晕、鼻出血、心跳加速等症状。一般准妈妈都会有比较强烈的“害喜”呕吐现象，不用担心，1～2个月就能自然痊愈。

这段时间女性大多数会产生将要做妈妈的喜悦、幸福和自豪感，这种正面的心理反应对胎教是十分有利的。但是准妈妈也会由于自身内分泌的变化，加上早孕反应十分严重，从而产生紧张的心理。同时，呕吐、眩晕、恶心、食欲不振等因素，还会让准妈妈产生种种担忧，担心妊娠失败，甚至厌恶妊娠，担心胎宝宝流产或畸形，担心分娩的恐怖等，进而产生烦躁心理。对于这种不稳定的情绪表现，准妈妈应正确认识和调整。积极主动地去多看一些轻松、幽默的书籍，多想一些愉快的事情，多听一些动听的音乐，进一步了解妊娠的呕吐多是由神经紊乱、精神过度紧张造成的，尽量让自己从紧张中放松下来，保持心情舒畅，保持心理平衡，和喜欢的人谈谈天，从而减轻妊娠的不良反应和烦躁心理。

本月需要注意的事项

准妈妈必须在专业医生或药剂师指导下才能服药，同时还要养成定期产检的习惯，一有问题，要及时向医生咨询。

如果准妈妈用药后才知道自己怀孕了，也不用太过担心，可以向医生仔细询问，咨询时应注意把握下列两项原则：

用药的时间。告知医生自己用药的剂量与服用的时间，以方便医生判断药物对于胚胎或胎宝宝发育阶段的相关影响程度。

用药的种类。产检时不妨带着服用过的药物（包括包装和详细标示药物学名及成分的说明书）给医生参考，让医生能够进一步判断药物种类对胎宝宝的影响。

孕1月，准妈妈的饮食原则

怀孕的前2个月是胎宝宝器官形成的关键期，这个阶段准妈妈的营养决定了胎宝宝的发育状况。因此一定要保证充足的营养。首先，需要注意补充足够的蛋白质。准妈妈要保证蛋白质每天的供给量为80克左右，可以多吃瘦肉和坚果类来补充。其次，需要人体补充能量所必须的碳水化合物和脂肪。巧克力、糖果都可以促进碳水化合物和脂肪的摄入。

本月胎教要点

进入孕2月，胎宝宝的听觉器官开始发育，神经系统也已初步形成，已经具备了可以接受胎教的最基本条件，此时胎教的内容也应该比孕1月更丰富。本月胎教的另一个要点是要求准妈妈处理好孕吐，在思想感情上确立母子同安的观念，在精神和营养上都要保护好胎宝宝。

为胎宝宝制订胎教方案

怀孕后，准爸爸准妈妈应该查阅一些孕育书籍，了解各自在整个孕期应该做什么，怎么做，然后结合自身的期望值，为胎宝宝量身制订一个合适的胎教方案。

♥**从思想上重视胎教。**专家发现，胎宝宝在子宫内已有听觉、视觉和触觉，能感知外界环境传入子宫内的种种信息，并有一定的记忆力，因而能够对胎宝宝施行超早期教育。由此可见，胎教有一定科学依据，应引起准爸妈思想上的重视。

♥**胎教，从胎宝宝来的第一天进行。**从准妈妈怀孕的那一瞬间，胎宝宝就已经有意识了，就可以实施胎教了。美国教育学家研究发现，当宝宝在腹内时，准妈妈经常与其诉说梦想的宝宝，和准妈妈没有这么做的宝宝相比，在出生后一年内，前者会更优异。

可以开始进行音乐胎教了

从这个月开始，就可以进行音乐胎教了，音乐不仅可以激发准妈妈愉快的情绪，还可以给胎宝宝的听觉以适应性的刺激作用，为进一步实施的音乐胎教和听觉胎教起个好头。准妈妈可以给胎宝宝放一些优美、舒缓的乐曲。每天放1～2次，每次放5～10分钟。

准妈妈应尽快适应角色转变

初为人母，是女性跨入人生另一个阶段的新开始。在女性怀孕的这个阶段中，由于内分泌产生变化，会带来情绪上和心理上的改变。而且这段时间生活起居上、饮食上、工作上都会发生变化，常常使准妈妈一时难以适应，情绪出现波动，进而影响身边的人。这时，作为准妈妈，一定要尽快适应角色的改变。

树立“宁静养胎即胎教”的观点

怀孕第2个月，准妈妈还应该继续树立“宁静养胎即教胎”的观念，确定自己的情绪乐观稳定，切忌大悲大怒，更不应和身边的人吵骂争斗，力求始终保持平和的心态。

准爸爸胎教课堂

准爸爸要重视已怀孕的妻子，使准妈妈不安的心踏实起来。面对妻子的孕吐，准爸爸要想办法让妻子高兴起来，进而积极对待，而且别忘记分担家务哦！

稳定妻子的情绪

妻子怀孕以后，由于早孕反应，生理上和心理上都会发生很大变化。准妈妈往往感情脆弱，爱生气，或为一些小事哭闹、发脾气。如妻子妊娠反应剧烈，吃不好睡不好，感到委屈，而向你哭诉时，你一定要注意自己的一言一行，千万不要生气、不要责备，应该用亲昵爱抚的动作表达对妻子的理解和同情。当妻子在爱抚下情绪稍稳定后，再用语言宽慰，妻子会因为你的用心而开心的。

节制性生活

孕期是妻子的特殊时期，在孕早期和孕晚期，夫妻同房易引起流产、早产或阴道感染，在产前1个月性生活频繁，可引起胎宝宝呼吸困难或黄疸等。孕期，准妈妈对性的要求多半不高，因而节制房事的主要责任在丈夫身上。如果深爱自己妻子的话，就不能频频提出性要求，即使在比较安全的孕中期，也要注意变换性交体位，减少对妻子腹部的压迫和撞击。

✻ 准爸爸要体谅妻子，节制房事，一切以胎宝宝的安全为重。

买一些实用的书籍

作为准爸爸，之前，你对怀孕的知识一无所知，对孕育生命毫无概念，在知道妻子怀孕后，不仅仅要承担起家务，还应该去书店里多买几套胎教、育婴手册，认真学习2周，最好是要达到说起胎宝宝的一切时，都可以头头是道、滔滔不绝。当然，这只是理论，等胎宝宝再大一些，就能听见准爸爸的呼唤了。因此，早买些书籍学习，大有必要。

为妻子添置防辐射服

准爸爸要给妻子添置防辐射服、电脑防辐射屏等用品，叮嘱准爸爸远离家中的辐射源，如微波炉、电脑、电热毯等，而且应该尽量将家中的电器分散在屋子的各个角落，以免妻子暴露在超剂量的辐射中。

孕期第5周

“兵马未动，粮草先行”

重视营养胎教

孕2月，是胎宝宝器官形成的关键时期，最原始的大脑结构已经建立，为确保营养胎教的实施，准妈妈应注意摄入含有适量蛋白质、脂肪、钙、铁、锌、磷、维生素（维生素A、B族维生素、维生素C、维生素D、维生素E）和叶酸等的食物，使胎宝宝得到必要的营养补充，这也是确保胎宝宝正常生长发育的必备条件。

但孕早期补充营养也要注意营养适度，避免营养过剩导致胎宝宝体重过大，增加孕期准妈妈的风险。

改变饮食习惯来安胎

在孕2月，有些准妈妈会因孕吐而吃不下东西，而这种情况会改使准妈妈担心胎宝宝是否会营养不够。其实，孕吐期间由于胎宝宝还小，需要的营养量非常少，如果实在没胃口，就不要强迫自己进食了。

即便为了胎宝宝，准妈妈勉强吃下含有钙或蛋白质的食物，效果也不大。有些准妈妈这时对食物的偏好会改变，连看到鱼、肉都会有呕吐感，如果闻到刚煮好的饭都会感觉不舒服，也没必要勉强自己。孕吐是孕早期的正常生理反应，是健康怀孕的征兆，也是让准妈妈承受辛苦和难受，体味甜蜜和幸福的必经过程。

♥注重食物的形、色、味，多变换食物的种类和做法，以引起准妈妈的食欲，食物要容易消化和吸收，这有利于防止呕吐。

♥在能吃的时候，尽可能吃想吃的东西。

♥要减少每次进食的量，少食多餐。

♥多喝水，多吃些富含膳食纤维和维生素B_1的食物也可缓解孕吐。

♥改善就餐环境可以转换情绪，激起准妈妈的食欲。还应避免吃油腻、油炸、含人工香精的食物。吃饭后半小时内尽量避免平躺，否则胃酸逆流，加重孕吐。

✽准妈妈在增加营养的同时，也要注意合理控制体重。

孕期和这些食物说Byebye

♥**腌制的食物。**这些腌制发酵类食物含有较多的硝酸盐和亚硝酸盐，对准妈妈和胎宝宝都会形成潜在的危害。

♥**刺激性食物。**刺激性强的食物是指葱、蒜、姜、辣椒、花椒、芥末、咖喱粉等，过多食用容易加重血热，导致胃肠分泌物减少、口舌干燥、便秘等，由此影响胎宝宝的生长。

♥**浓茶。**茶水中含有咖啡因，会刺激胎宝宝过度地活动，从而影响其生长发育。如果准妈妈喝了过多的浓茶，会使茶中所含的鞣酸与饮食中的铁相结合，从而导致准妈妈和胎宝宝发生缺铁性贫血。

♥**方便食品。**方便食品吃起来既方便又有滋味，即使怀孕了，很多准妈妈依然喜欢吃。但是，经常吃方便食品既没有营养，又会使准妈妈的体内缺乏必需的脂肪酸。而必需的脂肪酸是胎宝宝大脑发育需要的重要营养成分，也是形成良好的胎盘及丰富血管的重要保证。

♥**高糖、高脂肪食物。**如果吃了太多的高糖、高脂肪食物，如汽水、糖、薯片等，会使准妈妈发福，从而增加其患妊娠糖尿病综合征、妊娠高血压综合征的几率。

♥**山楂。**山楂酸甜可口，可开胃助消化，特别是在怀孕早期，许多准妈妈总是喜欢随身携带一些山楂类食品，以缓解孕早期的恶心呕吐、食欲不振等不适感。但是准妈妈不宜吃。因为山楂中所含的一些成分会刺激子宫肌肉产生兴奋，从而引起子宫收缩，可能会导致流产。

从孕早期开始科学补钙

有不少父母为了预防宝宝蛀牙，常要求宝宝多刷牙、不要吃太多甜食。其实预防宝宝蛀牙的工作，在宝宝尚在准妈妈腹内就应开始进行。虽然宝宝的牙齿在出生后第6个月才会长出来，但是胎宝宝在准妈妈的腹中时，就已经打下了长牙的基础。孕早期时，这种基础便已开始形成，到孕四五个月，形成牙齿的因素已经准备完毕，甚至永久齿的根基也已长好。孕中期的准妈妈，要摄取足够的钙质，才能使未来出生的宝宝有一口健康的好牙。

胎宝宝在准妈妈体内会尽量吸取他所需要的养分；也就是说如果准妈妈血液内的钙质不够，他会转而吸收准妈妈骨骼中的钙。准妈妈怀孕时，蛀牙会增加，原因也在这里。

平常成人一天所需的钙质约为600毫克，按照正常饮食即可获足够的量。女性怀孕时，每天需要的钙约为1000毫克，所以必须多摄取含钙质的食物。小鱼、海藻、豆腐、青菜、牛奶、乳酪等食物均含有丰富的钙，准妈妈可以多摄取这类食物。

孕吐的心理疗法

在孕吐期间，准妈妈要保持轻松愉快的心情，避免紧张、激动、焦虑、忧愁等不良心理状态，这样可减轻孕吐的程度。

孕期第6周 设计胎宝宝的好智力

婴幼儿大脑的发育规律

每位父母都希望自己的宝宝健康聪明，因此，在宝宝出生后就特别注意智力开发教育。不过有的父母并不知道，对宝宝的智力开发可始于胎宝宝时期。

胎宝宝期是人的脑细胞快速生长的时期，注意这时的脑发育，对宝宝的智力发育将有很大的影响。那么，孕期胎宝宝的大脑发育是怎样的呢？

人的大脑结构十分复杂，但发育却十分迅速，人脑发育起源于卵子受精后1周内，受精卵不断分裂，一部分形成大脑，其余的则形成神经系统。在准妈妈尚未注意其月经推迟时，胚胎的大脑已分成了三部分。如卵子在周日受精，到星期三胚胎就已经由至少30个细胞组成了，到了星期五这些细胞已在子宫着床了。下周一，外胚层膜、神经系统和感觉器官开始形成。到第三周，外胚层看上去开始像皮肤了，脑部也出现了明显的膨起。

在怀孕不到1个月的时候，整个胚胎看似一条小鱼，尾部凸起呈包头样，很像句子中的逗号。大脑中明显形成了两条沟，一条隔开了前脑和中脑，孕期第5周，细胞就开始大量分裂，形成大脑半球，半球迅速增大、生长。大脑皮质的发育在胚胎发展过程中是最为奇特的。孕期第7周，前脑形成两个如豌豆大小的脑泡。

可以说，孕期前3个月是胎宝宝脑细胞生长的第一个高峰，这个阶段脑细胞以平均每分钟25万个的增长速度急剧增加。宝宝能否长成优秀的人才，就取决于此时的脑细胞的数量是否足够。

这个时候是脑硬件发育的基础，胎宝宝需要大量的营养来促进脑细胞生成，如果营养不良，细胞分裂减慢，表现出生成脑细胞数量减少，会造成出脑细胞数量不足，宝宝出生后的智力水平会低，反应也会减慢。因此，准妈妈一定要合理摄人营养，以满足胎宝宝发育所需营养。

挖掘胎宝宝大脑的潜力

从第5周之后，胎宝宝的神经细胞就已经开始形成了，准爸爸和准妈妈可以在有利的条件下通过胎教来增进胎宝宝大脑潜力的发展。

♥**饮食上既要重质量，又要讲究适量。**所有养分，尤其是蛋白质、维生素、糖类、无机盐等都要充足，但在量的方面，不要过度进补，免得造成胎宝宝过度肥胖，影响准妈妈的生产。

♥**准妈妈不要为了怕此时和产后身材难看**

而束腰束腹。这样会影响胎宝宝的正常发育，鞋子也要以舒适为主，不要穿高跟鞋，以免跌倒造成危险。还要保证休息与睡眠的充足，不宜过度劳累。

♥**准妈妈可通过体育锻炼保持身体健康**。这样做可为生产积蓄良好的体质，如散步、慢跑、登山、郊游，这些适度的活动有助于准妈妈顺利生产，但不要做太强烈的运动或繁重的体力劳动。

♥**保持身体清洁，避免感染上疾病**。定期进行产前检查，不但可以帮助准妈妈了解自己目前的身体状况，早期发现疾病，早期治疗，也可以为准妈妈和胎宝宝提供一个良好的生存环境。

*孕早期准妈妈要勤洗澡换衣，保持身体清洁。

避免外界刺激，保证胎宝宝器官健全

♥孕早期，正值胎宝宝的脑、手、足形成的阶段，如果这时候受到外界的刺激，便会导致胎宝宝的发育进程出现异常。特别是在孕吐期，如果准妈妈错误服用了一些止吐药，就可能会影响到正在长脑、手、足的胎宝宝。有时候还可能会使得胎宝宝的发育停止，生下器官不健全的胎宝宝。

♥处于怀孕临界点的准妈妈如果患麻疹，则会增加胎宝宝的眼睛、耳朵、心脏发生畸形的几率。如果准妈妈已经有免疫力，胎宝宝便可免受侵害。

♥准妈妈如果吸烟或是有精神压力，也会妨碍胎宝宝的正常发育。

♥孕2月，胎宝宝的生殖器官就开始形成了，这时准妈妈不要为了预防流产而服用合成黄体激素，因为这种激素有男性化作用，如果生女宝宝，则可能具有男性化的特征。

多看有益的、能启发智慧的书籍

书籍是通向智慧之城的最好途径，它通过扩大人的知识面、提高人的修养而增长人的智慧，准妈妈怀孕期间看些好书不仅可增长知识，还能获得不少乐趣。

中国古人给我们留下了丰富多彩的文化艺术类好书，准妈妈如有时间不妨读一读、细细品味，那也是一种孕期的享受。如能徜徉在好诗的意境中，准妈妈不仅自己可得到乐趣，胎宝宝也能在不知不觉中被熏陶。

孕期第7周

调节起居，顺利度过孕吐期

规律的生活有利于胎宝宝发育

孕2月是准妈妈早孕反应最为严重的时期，适当增加休息和睡眠，对缓解早孕反应很有帮助。

由于胎宝宝感知外界的明暗是通过母体来实现的，所以准妈妈必须特别注意自己的生活方式。人类“日出而作，日入而息”的生物性规律被称为“生物钟”。准妈妈会把感觉明暗程度的讯息传达至胎宝宝脑中，也就是会将“生物钟”种植在胎宝宝的脑中。因此，准妈妈要保持规律的生活，来间接影响胎宝宝的作息。

如何在胎宝宝脑中“种植”这种生物时钟，就要靠准妈妈在孕期的规律生活。准妈妈在怀孕期间持续早睡早起的规律性生活，胎宝宝也能获得有规律的作息习惯。相反的，若准妈妈持续过着昼寝夜不眠的夜行性生活，会严重影响到胎宝宝脑部的成长，从而使胎宝宝的天生生物钟遭到破坏，影响胎宝宝发育。

一般情况下，准妈妈夜间睡眠不要少于8小时，有条件的应增加午睡。睡前还要认真做好个人卫生，最好可以用温水泡泡脚，可在缓解疲劳的同时，也能使准妈妈的心情舒畅。准妈妈应该安排好入睡时间与起床时间，如果有长时间失眠情况发生，可咨询医生，以便找到原因给予解决。

睡眠时，准妈妈应注意选择舒适的睡姿，一般认为，左侧卧位可减轻子宫右旋对脐带的压迫，利于胎宝宝的血液供应。这些都是对胎宝宝实施的积极胎教。

✻准妈妈要合理安排自己的时间，不要长时间上网，以免影响胎宝宝的健康。

孕期正确使用空调

使用空调能有效降低室内温度，让准妈妈感觉舒适一些，有助于准妈妈保持平静的心情和良好的食欲。但是准妈妈在吹空调时要比以前更小心，除了要保证室内的空气质量外，同时还要注意避免感冒。总之，准妈妈在使用空调时尤其要注意以下几点：

♥**定期清洁空调。**空调室内机的一些部件需要定期清洁，特别是空气过滤网，要及时去除灰尘以及附着在上面的尘螨和细菌，避免给准妈妈及胎宝宝带来危害。

♥**定时通风换气。**空调连续使用1～3小时后，准妈妈最好关闭空调，打开门窗，更换一下室内的空气，至少保持10分钟以上，这可以降低空气中的病毒和细菌的浓度，改善空气质量。

♥**空气加湿或多喝水。**怀孕本身有时就会使皮肤干燥，吹空调会让这个情况变本加厉。打开空气加湿器是个不错的选择。同时建议你多喝水，为你的身体补充足够的水分。

准妈妈最好在使用空调时将室内温度保持在26℃～28℃之间。如果办公室里空调温度开得非常低，建议准妈妈常备一件薄外套。

适当进行抚摸胎教

科学家指出，胎宝宝在2个月时就开始有感觉了，到6个月时，胎宝宝皮肤的各种感觉，如痛觉、触觉、压觉、温觉就开始发育了。

此时，准妈妈的抚摸能完善胎宝宝的感官发育，激发胎宝宝的活动积极性，增强体质，更有利于胎宝宝的智力发育。

此时的抚摸胎教可配合呼吸胎教同时进行，准妈妈可以一边用双手轻抚自己的腹部，一边呼唤胎宝宝，或跟胎宝宝说话。例如，早晨起床前，准妈妈可以轻轻抚摸腹部，对胎宝宝说：“宝宝，起床啦。”同时，准爸爸也可以选择合适和固定的时间抚摸胎宝宝。比如就寝前可以由准爸爸通过轻抚准妈妈的腹部来抚摸腹中的胎宝宝，并可与其对话：“亲爱的宝贝，爸爸来看你啦。”

这种练习不仅能训练胎宝宝的触觉，促进胎宝宝的反应和活动，更可以刺激胎宝宝的大脑发育，使出生后的宝宝更聪明。

用不同的颜色装饰房间

准妈妈可以根据个人不同喜好，把房间变换成不同的色彩。但不宜经常接触黑色，以免产生恐惧不安的心理，影响胎宝宝的生长发育。

室内色彩布置得协调，能调整准妈妈不良的心理状态，使胎宝宝在准妈妈的腹中安全地成长，同时，这对日后培养胎宝宝良好的性格也能起到促进作用。

✽准妈妈还可为即将出生的宝宝布置房间。

孕期第8周

孕早期准妈妈养胎禁忌多

建议准妈妈做第一次B超

建议怀孕7周以上的准妈妈做第一次胎宝宝黑白B超监测。

其目的有三：①确定是正常怀孕状态，还是有异常情况。如果是宫内妊娠，可就此推算准确的预产期；但也可能存在宫外妊娠或葡萄胎等问题，一旦发现须及时处理。②确定胚胎个数。③此时子宫还不太大，可通过B超清楚地观察附件情况，如果有卵巢囊肿、输卵管包块等能及时发现并对症处理。过了这个时期，子宫明显增大，包块可能被挡住而难以发现。此外，还可以从B超结果了解胚胎质量，如妊囊好不好，会不会是空囊妊娠等。

准妈妈应避开损害母胎的食物

♥**过量酸性食物**。研究发现，准妈妈过多地食用肉类、鱼类、巧克力、白糖等酸性食物，其体液会发生变化，形成一种“酸化”，进一步促使血中儿茶酚胺水平增高，从而引起准妈妈烦躁不安等消极情绪，因此，应尽量避开这些食物。

♥**过量猪肝**。营养医生已向准妈妈提出了不应大量吃猪肝的忠告。因为在给牲畜迅速催肥的现代饲料中，添加有大量的催肥剂，其中维生素A含量很高，致使它在动物肝脏中大量蓄积，形成隐性危害。猪肝也是解毒器官，存在着大量毒素残留，准妈妈可以适量食用，但不可过量食用，否

医生建议，孕2月准妈妈就应该去做产检了。

则大量的维生素A便会很容易进入准妈妈体内，从而对胎宝宝身体的各个部分都会造成一定的损害，包括眼睛、骨骼、血液、皮肤、中枢神经系统、肝脏、生殖和泌尿系统。

♥**过量水银污染的金枪鱼**。美国环保团体发现连同金枪鱼在内的7种海产中，水银的含量严重超标，准妈妈经常食用会产下畸胎。医学专家指出，胎宝宝在母体内吸收过量水银，会影响脑部神经发育，将来学习能力会有缺陷，或出现智力发展迟缓等后遗症。准妈妈应减少食用罐头的金枪鱼、鳕鱼等，因为这类罐头鱼的汞含量也很高，食用的分量应以每月一次为限。

家庭中宠物的去留

在喜欢宠物的同时，准妈妈也要警惕它们带来的病毒。对于准妈妈来讲，宠物身上的弓形虫可致流产、早产、死胎，甚至产下的宝宝先天畸形、存在缺陷等。

怀孕前和怀孕期间，家有宠物的准妈妈最好先做弓形虫抗体检查，此项检查可以识别准妈妈是否感染了弓形虫疾病。如果检查的结果是阳性，就表示已经感染了，一定要高度重视。

不过，准妈妈也不要过度担忧，如果确诊后及时采取有效的措施进行治疗，可使胎宝宝感染先天弓形虫病的几率大大降低。

产科医生建议，当你开始进入怀孕准备阶段时，最好就将宠物寄养他人家中。

如果没有出现特殊的情况和疾病，并且非常想留下宠物的话，一定要注意保持环境卫生，以防传染。同时准妈妈还应尽量减少直接接触宠物的机会，做好消毒工作。

警惕这些流产征兆

一般准妈妈发生流产通常是在孕8周以前，因为这个时候的胎位还不太稳，所以一定要多加注意。

♥**宫外孕**。宫外孕是指受精卵不是在子宫着床，而是在输卵管、卵巢或腹腔等地方着床。如果准妈妈确定已经怀孕，但是却出现了少量出血和下腹部闷痛症状，可能为宫外孕，严重者可能会发生大出血，甚至还可能危及准妈妈的性命。

♥**葡萄胎**。葡萄胎是制造胎盘的绒毛组织部分增生，形成葡萄状而充满子宫的一种疾病，胎宝宝会因此而无法发育。在准妈妈怀孕初期，以会有茶褐色分泌物状的少量出血，妊娠反应严重为其特征。出现这种情况时，准妈妈要尽快去医院就诊，否则会导致大出血，甚至还可能会有严重的后遗症。

♥**无症状的流产**。准妈妈完全没有出血或腹痛等症状，但胎宝宝却已停止发育且无法确认心跳的情形，则可能是死胎。准妈妈的子宫会收缩，出血和腹痛症状会渐渐增强，最终会导致流产。

一旦出现上述这些情况，准妈妈最好在家人的陪同下到医院尽快就诊，以确保母子安全。

专题　写好胎教日记，这是送给出生后的宝宝的第一份礼物

在决定怀孕的时候，准妈妈就应该着手准备胎教日记了，只需要买一个精美的日记本和一支笔，就足够了。

由于胎教是全方位的，在准妈妈的衣、食、住、行中，如果任何一项出现偏差，都会对胎宝宝产生负面的影响。所以准妈妈写胎教日记的作用就更明显。

其实，写胎教日记的方法很简单，准妈妈可以自己写，也可夫妻双方讨论后写，但最好是准妈妈自己写，将本子、笔放在枕边，可随时翻阅。胎教日记不必刻意追求文字优美，只要所写的内容真实、详细即可。日记的内容主要记胎教的内容、胎宝宝的反应情况等。但一定要写准日期、孕周、胎动开始的日期、每小时胎动次数，以及自己身体的状况与情绪、用药、产前检查等内容。

当然，写怀孕日记更多的是一种纪念，纪念这段人生的特殊时刻带给准妈妈心理上的美好感受及艰辛却幸福的历程，同时它也是准妈妈送给日后长大成人的宝宝的最好礼物。记日记是一种思维锻炼，这也无形当中促进了准妈妈用词造句的能力和逻辑思维能力，有助于缓解孕期不适。

建议准妈妈在写日记的时候尽量将文笔变得优美一些，注意措辞的同时要有意识地将自己向更加深刻的思考方向引导。其实这也是一个认识自我、超越自我的学习过程，这会让准妈妈的每一天都比昨天更进步，也会让宝宝的明天变得更加美好。有时候，因为情绪不佳或身体不适，准妈妈会忘了记日记，但不要就此放弃，做准妈妈的经历一生可能只有一次，这样的记录不管是对准妈妈还是胎宝宝都弥足珍贵，所以一定要坚持到底！加油，加油！

孕期日记参考格式

年　　月　　日　　天气：

今日心情　记录开心与不开心的事情。

今日饮食　记录日常饮食吃过什么。

身体　记录准妈妈身体的正常变化及对胎宝宝的变化感觉及准妈妈的健康状况。

胎宝宝　记录准妈妈对胎动的感觉及对胎宝宝的监测、实施胎教的内容。

保健　记录准妈妈进行过何种锻炼，身体是否出现不适，采取了何种保健措施。

环境　记录准爸爸和准妈妈都去过哪些地方，有无接触孕期禁忌的东西。

诊疗　记录看医生的时间及检查内容。

用药　记录服用过什么药物。

其他

本月胎教月记

年　月　日　星期　　孕　月　周

❶ 自我感觉（记下自己的异常感觉及饮食、二便、睡眠情况）

❷ 自我检查

体重（千克）：	腹围（厘米）：
血压（毫米汞柱）：	子宫底高度（厘米）：
胎动（次/分）：	脉搏（次/分）：
下肢浮肿：无□ 轻□ 中□ 重□	其他.

❸ 产前检查

❹ 医嘱和用药情况

❺ 精神状况和其他事情

❻ 胎教记录

肾脏得到发育

——怀孕9～12周的胎教方案

孕3月，准妈妈的腹部微微鼓起来了，稍不留神，胎宝宝就长那么大了，尽管胎宝宝偶尔会让初为人母的80后准妈妈感觉不舒服，但是准妈妈触摸到他，所有的不快便瞬间消失，沉浸在孕育生命的喜悦之中。

本月胎宝宝的发育情况

此时胎宝宝的发育非常迅速，尾巴已经完全消失，躯体和下肢变大，头变大了，显眼了，背部稍微弯曲，颈项正在形成，尾、手指和脚趾基本发育完，并且在指头上已经形成了触摸垫。体重约20克，和4～7周时相比，猛然增长了三四倍。

胎宝宝的内分泌腺已开始分泌出少量的激素，肝脏已开始分泌胆汁了。胎盘也已经成形，但是完成还需一段时间了。胎宝宝可以在羊水中游动了，胎宝宝会喝羊水，偶尔也会尿尿。

此时的皮肤是透明的，所以可以从外部看到他皮下血管和内脏等。骨骼开始逐渐变硬（骨化），已长出指甲，眉毛、头发。以往都是靠自己的营养细胞自行成长的胎宝宝，接着便可以由胎盘获取准妈妈的养分了。外生殖器已经开始发育并分化，但还不能明显辨认出胎宝宝的性别。

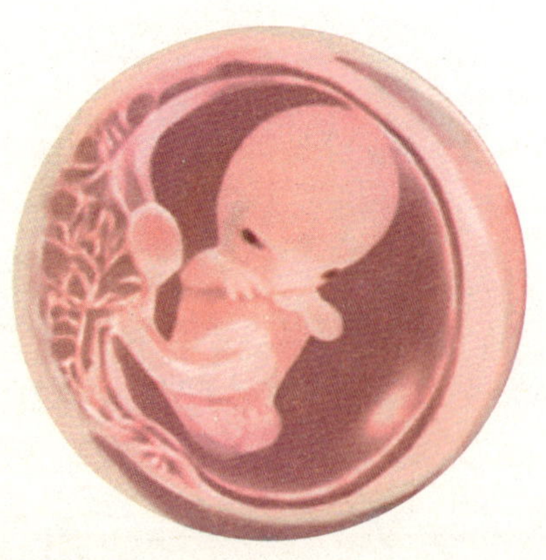

本月准妈妈的变化

孕3月，准妈妈的肚子有了一点弧度变化，但是仍然不够明显。子宫如拳头大小，在下腹部、耻骨联合上缘处可以抚摸到子宫底部，羊水量约为30～80毫升。

通常情况下，由于膨胀的子宫会直接压迫膀胱，准妈妈会出现尿频现象，而且腰部也会感到酸痛，腿足出现水肿。

由于激素的影响，准妈妈乳房开始增大，乳晕颜色变深。强烈的血流影响了全身，导致鼻塞、阴道变成深红色、大阴唇变黑，白带可能也会增加。而且由于血流量增加，使心脏的负担加重，血压的降低会导致乏力、头痛、头晕，甚至昏厥，下腹部有牵拉的感觉。

大部分准妈妈会出现明显的妊娠反

应，感到恶心、胃部不适甚至呕吐，有的还会出现胸部闷热症状。准妈妈的基础体温仍会持续升高。

这个月是准妈妈妊娠反应最严重的阶段，随着时间的增加，症状开始减轻，直至自然消失。

本月需要注意的事项

准妈妈怀孕第3个月，胎宝宝生长发育更加迅速，人体的主要系统和器官逐渐分化出来，此时胎宝宝受子宫内环境的影响最大。所有的先天发育缺陷，如腭裂、四肢不全或没有四肢，以及耳聋等，几乎都是在这个关键性的时期内发生的。而那些缺陷最严重的胎宝宝，又往往在前3个月内自然流产。

所以本月的准妈妈依然要非常小心，远离导致胎宝宝畸形的诸多因素。上班的准妈妈要有意识地，应保持愉快的工作情绪，以免因心理负担过重、压力太大而影响胎宝宝的发育。

此期间，准妈妈阴部分泌物会增加，易滋生病菌，应该每天淋浴，以保持身体清洁。为预防便秘，准妈妈最好养成每日定时上厕所的习惯。如果感觉下腹疼痛或有少量出血，要想到是流产的征兆，应立刻到医院就诊。

孕早期，要避免流产

准妈妈还要注意在孕早期3个月不要进行过量运动，尤其是一些从事体力劳动或者体育运动工作的准妈妈，更要注意预防因过于疲劳造成流产。另外，一些从事化工、制药等行业的准妈妈这个时候也要注意，应尽量远离有毒物质，避免胎宝宝受到不良影响。

本月胎教要点

对3个月大的胎宝宝，准爸妈已可开始进行音乐胎教了，宜选择一些较有节奏但又不太强烈的音乐，让自己和腹中的胎宝宝一起享受音乐的旋律，以刺激胎宝宝脑细胞的生长。怀孕前3个月是胎宝宝对致畸因素十分敏感的时期，这时准妈妈在精神、饮食、工作、生活等各个方面均应特别谨慎，尽力规避不良因素。

不要让身体的改变扰乱你的心情

怀孕后，受激素的影响，多数的准妈妈会发觉自己与往日大不相同，如汗流量增多、出现妊娠斑、体毛发生改变等。这往往让准妈妈们烦恼不已。而准妈妈之所出现容貌改变，主要是因为其体内激素分泌的增加，再加上不注意保养，极易刺激黑色素的沉积，而形成黑斑、雀斑。准妈妈不必担心，可以采取一些防护措施，如避免直接被阳光照射，使用高效、能防紫外线的基础化妆品。

对于孕期发生的体毛和头发的改变，如腋毛增多或减少，体毛增多；头发容易受损伤等，准妈妈也不必因此而愁眉不展，这种现象会随着体内激素水平的平衡而逐渐消失。

所以，当准妈妈出现以上情况时，最好的做法就是顺其自然，不要让这些变化扰乱了心情，影响到胎宝宝。

适宜的工作方法也是一种胎教

♥**工作前不妨给自己提供一份营养丰富的早餐。**

♥**按时、规律地吃午饭。**午饭要搭配多样化，饭后可以小睡会儿，但时间不宜过长，以半小时为宜。

♥**尽量多运动。**下午3点左右，准妈妈可以到单位外面有绿色植物的草坪或公园散步，晒晒太阳，这样对你和胎宝宝都会很好。

✻早上起床后，要上班的准妈妈先为自己准备一份营养丰富的早餐。

准爸爸胎教课堂

准爸爸要注意激发妻子的爱子之情，引导她爱护胎宝宝、关心胎宝宝。上班期间的准爸爸应该常打电话回家，下班后应减少应酬，并尽量早点回家陪妻子。

为准妈妈创造舒适的环境

准妈妈所处的环境，应力求安静舒适，不宜经常有强烈噪音刺激；光线要明亮柔和，干净整洁，预防疾病感染，避免烟雾污染；戒烟忌酒，节制房事，提醒妻子注意劳逸结合，适当做些家务和必要活动；但不可过度保护而让妻子过于慵懒。

此外，你也要积极支持妻子为胎教而做的种种努力，并主动参与进来，如陪着妻子一同与胎宝宝“玩耍”，向胎宝宝讲故事，描述每天的工作及收获，让胎宝宝熟悉自己低沉而有力的声音，让胎宝宝产生安全感和信赖感等等。

主动参与胎教

妻子怀孕，身体增加了很大负担，而且孕期患病率及死亡率比平时明显增高，因此还可能会存在生命危险。孕期及分娩是生死攸关的大事，稍有不慎都会带来终生遗憾。因而此时的丈夫，就应该主动承担责任，尽义务，加倍关心妻子。不同的准爸爸，表达关心的方式各有不同，只要是发自内心的关心照顾，都会给妻子带来力量和快乐。这对准妈妈和胎宝宝，都是至关重要的。

做好妻子的营养师

准妈妈在孕期需要大量的营养，如果营养不足，生下的宝宝不但体质差，而且可能还会影响到以后的智力发育。因此，准爸爸一定要做好妻子的后勤保障，以保证母子的营养需求。哈佛大学的研究人员发现，准妈妈在怀孕期间的饮食和宝宝诞生后的身体状况有着密不可分的联系。研究发现，如果孕期采用良好到最优饮食方式的准妈妈，所生下的宝宝中95%的健康状况为良好或最优，而只有5%的健康状况为普通或不良；但是以低质量食物为主的准妈妈，宝宝健康状况良好或最优的只有8%，而其中的65%不是早产、功能不全，就是死胎；大部分采用普通饮食方式的准妈妈，所生的宝宝中88%是良好或普通，只有6%是最优的。

所以，准妈妈的营养马虎不得。“一人吃，两人补”，准妈妈的营养直接决定了胎宝宝的发育，所以准爸爸要勇于挑起“营养师”的重担，妥善安排好准妈妈的饮食，以保证胎宝宝营养的充分摄入。

孕期第9周

准妈妈的笑对胎宝宝很重要

调整心绪，做好情绪胎教

这个阶段，准妈妈的情绪起伏会很大，这样因为怀孕后，自己生理的变化太大，再加上周围人对自己的关注及猜测等都会对准妈妈心理造成压力，影响准妈妈的情绪。

很多准妈妈可能前一分钟还眉开眼笑，转眼间就闷闷不乐，这时的喜怒无常，是受孕激素影响的结果，准爸爸及身边的人要给予充分理解，但是准妈妈自己也要调整心绪，让自己拥有一个愉快的孕期。

此外，准妈妈和胎宝宝之间可以通过血液中的化学成分沟通信息，准妈妈的情绪直接影响内分泌的变化，而内分泌物又经过血液流到胎宝宝体内，因此，你的快乐与悲伤会让胎宝宝与你一同分享，你的焦虑同样也会引起胎宝宝的焦虑，而当你情绪不安时，体内肾上腺髓质激素的分泌量会增多，通过血液会传递给胎宝宝，从而影响其正常发育。

因此，准妈妈应该保持开朗、愉悦的心情，而且应该持之以恒，只有这样才能使胎宝宝的身体和心理健康成长。准妈妈要经常保持微笑，是此阶段胎教的主要的内容。

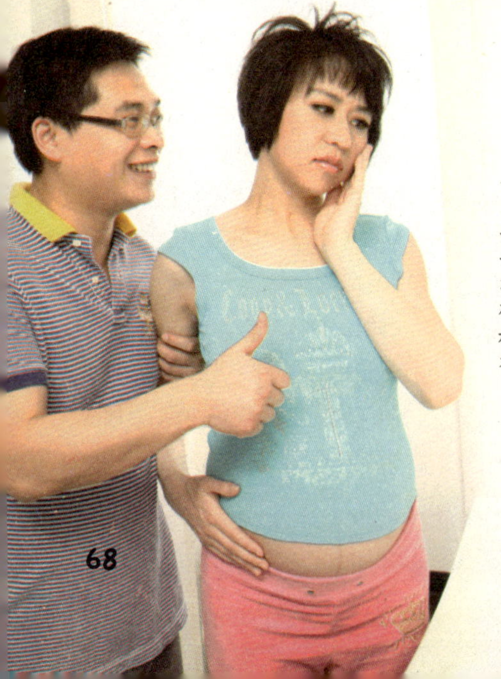

准爸爸要帮助准妈妈调整情绪，使准妈妈积极起来。

孕3月，宜“静心养胎”

唐代医学家孙思邈在其著作《千金方》中指出：“孕期三月，孕妇应居必静坐，清虚和一，坐无邪席，立无偏倚”，即提倡准妈妈要静心养息，怡养性情，以安和气血。坐立、行走要保持正确的姿势。这就要求孕3月的准妈妈要确保心态平静，内心平和，安静养胎。这不仅是我国古代医学的精华总结，也是在现实当中得到证实的养胎方法，所以准妈妈们应该谨以遵守。

是喜是忧，都在准妈妈的心头

怀孕后，准妈妈的体形会发生很大变化。孕早期，变化不是很明显，但是到了孕晚期，随着腹部的迅速增大，准妈妈的重心也会前移，容易疲劳；准妈妈的乳房也会丰满很多，用力挤压，甚至还会有乳汁溢出；膨大的子宫压迫膀胱、肠道、胃和心脏，还可能会出现尿频、肠胃胀气、心慌等现象；接近预产期时，阴道分泌物也会逐渐增多，原先漂亮的准妈妈还会出现浮肿等症状。

虽然现在是孕早期，但准妈妈一想到这些，是不是会有诸多担忧呢？这些担忧是不利于孕产和胎宝宝健康的。这就要求准妈妈一定要有足够的勇气，做好为了宝宝可以接受这一切的心理准备。

所以，准妈妈要学会及时调整心情，让愉悦的好心情持续整个孕期，为优孕优生做足心理上的准备。

学会用平易的心态待人接物

怀孕期间，准妈妈由于体内内分泌的变化，会有诸多不适感，有时甚至会有想发火的冲动；同时面对婚姻和繁杂的家居生活、面对怀孕生宝宝的艰辛，准妈妈的脾气也更容易变坏。

这类准妈妈怀孕后，要理解生活本来就是充满艰辛和繁杂的，一切只有靠自己去担当才会有乐趣、才会变得容易，千万别因一时的任性而使脾气失控，影响了胎宝宝的身心健康。

此外，现代人的生活，常常会受到社会上不良习气的影响，追求豪华的东西、奢侈的生活，容易使自己无端地生活在不满和不平等不良情绪之中，这样无形中会伤害胎宝宝。所以，准妈妈要树立起平易对待生活的人生态度，以免被不恰当的欲望所误，忽视了给胎宝宝提供必要的情绪环境的使命。

微笑也是给予胎宝宝的胎教

人的情绪变化与内分泌有关，在情绪紧张或应激状态下，体内一种叫乙酰胆碱的化学物质释放增加，促使肾上腺皮质激素的分泌增多。在准妈妈体内，这种激素随着母体血液经胎盘进入胎宝宝体内，而肾上腺皮质激素对胚胎有明显破坏作用，影响某些器官的发育。特别是孕前期3个月，正是胎宝宝各器官形成的重要时期，如准妈妈长期情绪波动，就可能造成胎宝宝畸形。所以，准妈妈们每天都开心一点吧，不要吝啬你的微笑。

准妈妈在清晨时，可以笑着和胎宝宝说说话："宝宝，虽然妈妈现在要应付很多以前没有遇到过的困难，但我还是在微笑面对。妈妈希望你以后不管遇到什么困难，都要像妈妈一样，带着微笑去面对。妈妈相信，你对生活微笑，生活最终也会回报给你微笑的。"

在你这样和胎宝宝说话的时候，还可以一边轻轻地抚摸肚子，一边在脑子里想象胎宝宝努力接收到你的信息后，也在学你微笑……

孕期第10周

充足的氧气有助于胎宝宝成长

胎宝宝已经具备活动力了

孕期第 10 周，这个时期的胎宝宝只有 9 厘米大小，汲取着准妈妈血液中的养分，在羊水中做着跳跃或是其他动作。准妈妈通过超声波可以看见许多令人激动的画面：胎宝宝的手、脚、头和整个身体都能活动，并且不断改变其方向和位置——就像我们维持同样的姿势太久了，就会伸伸懒腰或走动一般。但由于子宫内部空间非常狭窄，所以胎宝宝只能运动身体，做个深呼吸。

此时的胎宝宝已经具备活动力了，准爸爸和准妈妈可以适当进行抚摸胎教，以促进胎宝宝器官的发育。

经常陪准妈妈散步

散步是孕期最好的运动。准妈妈在散步时，得到的氧气的供给量比坐着的时候高出2～3倍，能有效地促进准妈妈的血液循环，并能使不快的心情变得愉快。观看大自然景色、聊天、谈心，对准妈妈来说，无疑是一种美的精神享受。准妈妈不妨经常尝试这样做，不仅有利于清除疲劳，还利于胎宝宝健康成长。

另外，散步时，准妈妈的子宫会发生轻微的收缩，有规律的子宫收缩能够刺激胎宝宝，有助于胎宝宝触觉的发育。

但是需要注意的是，准妈妈应选择风和日丽的天气去散步，雾、雨、风及天气骤变时不宜外出，以免发生危险。

此外，准妈妈要注意选择平坦的道路；散步的时间最好是在上午10：00～下午2：00为宜。因为这个时间是一天中准妈妈子宫最放松的时间。

＊准妈妈要经常出去散步，呼吸新鲜空气，给胎宝宝也换换空气。有准爸爸的陪同，那最好不过了。

散步的时候，准妈妈还可以适时进行谈话胎教，在大自然中进行的谈话胎教与平时的语言胎谈并无本质上的区别，准妈妈可以把自己所感知到的和看到的风景，逐一说给胎宝宝听，或者给胎宝宝进述大自然的风景变化以及父母对未来生活的憧憬。例如，“宝宝，妈妈看到树上停着一群小鸟，还听到了它叽叽喳喳的叫声，你听见了吗……”

恰当进行抚摸胎教

胎宝宝在这个月就可以做一些动作，如伸展四肢、握拳、吮拇指、吞羊水等，而且受到外界刺激后会做出一定的反应。因此，这个时候抚摸胎宝宝，不仅可以与胎宝宝沟通信息、交流感情，还可以尽早开启胎宝宝的触觉，为之后的运动胎教打下基础。

准妈妈可选择仰躺在床上，全身放松，腹部松弛，用一根手指轻轻按一下胎宝宝再抬起，从左到右，从上到下，来回抚摸、触压胎宝宝。此时胎宝宝可能会以轻微胎动作为回应，也可能要过一阵子或连续做好几天才有反应，准妈妈不能心急，要有耐心。在做抚摸胎教时，要随时关注胎宝宝的反应，操作时间可选择早上起床前或晚上胎动频繁时进行，每次5～10分钟，每天1～2次。

准妈妈出差需要注意的事项

由于工作或者其他原因，准妈妈可能在孕期还要出差。为了保证准妈妈的安全和健康，在出差时，准妈妈一定要注意身边的情况，以免发生危险或意外。下面给出差的准妈妈提几个合理的小建议，希望可以伴随准妈妈一路好“孕”。

✻出差之前，准妈妈要做好准备，胎宝宝的安全是第一位的。

准妈妈在出差前要和上司和同事们沟通好，尤其是要和上司说明自己的特殊情况，以免由于误会造成不必要的压力。也许上司不知道你怀有身孕，指派你出差的时间过长或者路途过于遥远。因此，及时向上司说明你的情况，可能会使你的工作更加轻松愉快。

准妈妈还要切记随身携带需要的物品，可能在孕早期会出现孕吐的反应，所以要携带一些纸巾或者手绢，以备不时之需，还可以随身携带一些小零食、酸味食物来缓解孕吐的不适感。

此外，准妈妈在乘坐飞机前要提前咨询医生的意见，确定自己的身体状况是否适合乘坐飞机。乘坐前，要告知乘务员自己的准妈妈身份，以便得到更好的照顾。而且乘坐飞机时要随身携带产检手册、医生和家人的联系方式，万一发生情况以便于机组人员展开急救。

孕期第11周

孕吐频繁，没有食欲真苦恼

孕吐有没有好处

在怀孕时，为有效防止流产，身体的免疫系统受到自然抑制，恶心的感觉可以是对变质食物，如肉、鱼和鸡蛋等的本能反应，从而达到免疫目的。孕吐令准妈妈很不舒服，但它是孕早期最常见的反应之一，虽然孕吐的感觉很不好，但对于孕期也是有一定好处的。孕吐在某种程度上是准妈妈身体拒绝接受毒素及对机体有害的病菌的一种方式。

因此，一般孕吐不会对准妈妈及胎宝宝有不良影响。但是准妈妈一定要保证每日定量、规律的饮食和大量的水的摄入，确保营养的平衡供应。

不宜凭借药物抑制孕吐

怀孕初期，大部分的准妈妈都会有明显的早孕反应，时间长短随着个人体质而不同。即使是同一准妈妈，也会因为不同的怀孕次数而表现出不同的症状。目前市面上尚无有效抑制孕吐的药剂。准妈妈不宜擅自服用药物控制孕吐。产生孕吐状况的时候，就是最易形成流产的时刻，也是胎宝宝器官形成的重要时期。在此期间的胎宝宝若是受X光线的照射、某种药物的刺激，或是受到病原体的感染，都会产生畸形，因此，准妈妈不宜凭药物抑吐。

抑制孕吐的镇吐剂或镇静剂中，尤以抗组胺最具药效。但是服用此种药剂可能会使胎宝宝产生畸形。因此，孕早期不宜用药物来阻止或者缓解孕吐。但是可以用食物疗法来减轻孕吐。早孕反应期，准妈妈应保持身心平衡，注意饮食，吃些清淡和有助于缓解呕吐的食物，必要时可接受医师的指导。倘若一日孕吐数次，身体相当虚弱，就应住院进行治疗，每天可接受葡萄糖、盐水、氨基酸液等滴注，以尽快减轻症状。

✱ 孕早期的孕吐是正常现象，准妈妈们不必担忧，更不要擅自服用药物治疗，以防对胎宝宝产生不利影响。

利用香薰法增加准妈妈的食欲

怀孕初期，由于孕吐症状的出现以及心理压力的产生，准妈妈很容易食欲不振。此时，可以通过芳香疗法，利用清爽的香气镇静神经，帮助准妈妈重新找回食欲。

♥可以尝试利用对消化系统产生影响的橙子或熏衣草、欧薄荷等香气，准妈妈可在三种精油中选择自己喜爱的一种，取2～3滴，放入香熏壶或香熏灯中，令香气在空气中弥散开来。准妈妈在饭前使用，能够起到促进食欲、缓解紧张情绪的效果。

♥消除呕吐感的芳香浴。可利用柑橘系精油（或欧薄荷精油）。方法是将香精油滴在手帕上，慢慢地吸入香气。这也是外出时可帮助准妈妈缓解孕吐症状的好方法。在家中，也可以将洗手池蓄满温水，滴入香精油，然后放入毛巾浸湿，拧一拧，放在鼻部闻一闻，即可缓解食欲不振等症状。

✽准妈妈可适当利用香薰法增加自己的食欲。

如何不让孕吐影响胎教

孕吐情况因人而异，所以，准妈妈自己设法克服是很重要的。

心情不好时，准妈妈可干脆外出或听自己喜欢的音乐，看自己爱看的碟片等，总之，要做一些让自己感到愉快的事情。

准妈妈能否忍受孕吐，心理因素的作用很大。在胎宝宝的成长过程中，准妈妈的心情好坏足以促进或抑制其发育。所以准妈妈对自己的生理状况的改变感觉非常不耐烦，或认为子宫内的胎宝宝很麻烦的情绪会直接传达给体内的小生命。但是，如果孕吐的情形严重，准妈妈也不要强忍，必须和医生商量。因为如果孕吐得厉害，有时可能是妊娠异常的预兆。如果不注意，很可能会危及准妈妈的生命。

当医生无奈建议停止妊娠后，准妈妈应尽量听从医生的建议，不可盲目地保胎，避免未来造成遗憾！

上班的准妈妈如何应对孕吐

上班的准妈妈在办公室、上下班的路上可能会出现孕吐，需要事先做好准备：平时要随身携带毛巾和漱口用品；上下班时注意沿途的公用设施，计算去卫生间的最快路程；做一个有弹性的时间表，估计一下自己的承受力和可能遇到的困难，把工作安排好。

孕期第12周

B超是唤醒准妈妈爱心的重要胎教工具

初次问诊和建档

怀孕第12周的孕检是第一次正式的产前检查，医生会详细询问准妈妈一些情况并记录在档，为以后的产前检查做参考。医生初次问诊的主要问题包括：

♥准妈妈末次月经的时间，以便推算预产期。医生还会询问准妈妈初潮的年龄、月经周期的间隔时间、经期的长度和规律程度等，以确定准妈妈有无妇科病和更精确地推算预产期。

♥有无家族遗传病，包括色盲、糖尿病、心脏病等。

♥有无既往病史以及个人的用药史，如慢性疾病、以往主要的疾病或手术、过敏史，包括对药物的过敏等。

♥怀孕以来正在服用或曾经服用过的营养品（维生素、无机盐、中药等）或药物（处方药和非处方药）。

♥准妈妈的产科病史，如以往的生产、流产、堕胎和以往怀孕、分娩、生产的过程等。

检查项目

♥**量体重和血压。**孕期产检的第一项就是测量准妈妈的身高、体重和血压，并且这个项目将一直持续到准妈妈的最后一次产检。以后的每次产检都会从测量准妈妈的体重和血压开始进行。

♥**B超检查。**B超是产科中应用最为广泛的检查手段，且安全有效，对于月经周期不规则、停经时间不清或者怀孕周数与子宫大小不相符的准妈妈来说，可在初次产检时通过B超检查来测量胎宝宝的大小，从而确定孕周及预产期。

♥**抽血。**此项检查包括血常规、血型、肝肾功能、丙肝抗体、乙肝病毒、梅毒血清学、艾滋病病毒抗体、风疹病毒、巨细胞病毒、疱疹病毒抗体、弓形虫感染等。这些检查在第一次产检都是必做的项目，对于确定准妈妈的身体健康与否有着至关重要的作用。

♥**验尿。**主要是验准妈妈的糖尿及蛋白尿两项数值，以判断准妈妈本身是否已有糖尿病或耐糖不佳、分泌胰岛素的代谢性疾病、肾脏功能健全与否、是否有子痫前症、妊娠糖尿病等各种疾病。

学会看B超单

准妈妈可以通过以下的介绍自己看懂B超单：

♥**胎囊。**胎囊只在怀孕早期可以见到。它的大小，在怀孕一个半月时，直径约为2厘米，两个半月时约为5厘米。胎囊位置在子宫的宫底、前壁、后壁、上部、中部都属正常；形态圆形、椭圆形为正常；如胎囊为不规则形、模糊，且位置在下部，准妈妈同时有腹痛或阴道流血时，可能要流产，准妈妈需小心，必要时应去医院就诊。

♥**胎头**。轮廓完整为正常，缺损、变形为异常，脑中线无移位和无脑积水为正常。BPD代表胎头双顶径，怀孕到足月时应达到9.3厘米或以上。按一般规律，在怀孕5个月以后，基本与怀孕月份相符，也就是说，孕28周（7个月）时BPD约为7厘米，32周（8个月）时约为8厘米，以此类推。怀孕8个月以后，平均每周增长约0.2厘米。

♥**胎心**。有、强为正常，无、弱为异常。胎心频率正常为每分钟120～160次。

♥**胎动**。有、强为正常，无、弱可能是胎宝宝在睡眠中，也可能为异常情况，要结合其他项目综合分析。

♥**胎盘**。位置是说明胎盘在子宫壁的位置；胎盘的正常厚度应在2.5～5厘米之间；钙化一项报告单上分为三级：一级为胎盘成熟的早期阶段，回声均匀，在怀孕30～32周可见到此种变化；二级表示胎盘接近成熟；三级提示胎盘已经成熟。越接近足月，胎盘越成熟，回声越不均匀。

B超检查时间不宜过早

B超所使用的高频超声波，波长短，能量集中，强度大，振动较剧烈，可能产生机械、光、电、化学及生物等多种效应。在胚胎发育的早期，特别是孕31～64天之间，即胚胎分化和形成的关键时期，是胚胎的高敏阶段，此时若进行B超检查，有可能造成胚胎的发育异常。

医学研究证明，B超检查对孕早期绒毛超微结构、细胞膜有直接损害。因此，孕早期，准妈妈应慎做或尽量不做B超。如果有明显适应证要做，但以最小的辐射强度和最短的辐射时间为宜。

检查前的准备

正常情况下，准妈妈要在怀孕的早期、中期、晚期各进行一次全面的B超检查。医务人员技术精湛，能够控制好超声波机器的输出功率和时间，保证诊断用的超声机器的安全可靠。因此，准妈妈们不必为B超检查的安全性而担忧。

- 如果在孕早期，因为特殊的情况，如肚子痛、阴道出血等，需要做B超检查，那么在家就提前喝4～6杯白开水，到医院检查就省时间了。
- 因为要上妇科诊察诊台，长发的妈妈要系成发髻，使检查顺利进行。
- 如果上次的检查有问题，需要提前咨询好这次去医院前需要做哪些准备。

专题 胎宝宝脑发育的营养需求

做好营养胎教，保证胎宝宝的营养供给

孕早期结束，准妈妈已经安全度过流产危险期，胎宝宝的处境也变得安全起来。这时的胎宝宝继续以惊人的速度生长发育，脑细胞的发育也开始进入第一个高峰期了。

此时，准妈妈的子宫已经长到一个橙子那么大了。胎盘已经成熟，它是支持胎宝宝生长发育的营养大本营。准妈妈的肚子越来越大，身体开始变形。

因为这个阶段是胎宝宝脑细胞发育的高峰期，因此，准妈妈应该注意摄取均衡的营养，以保证母体的营养状况、胎宝宝发育的营养供应。

♥**要多吃点含膳食纤维的食物**。如新鲜水果、蔬菜、豆类以及脱水水果（葡萄干、梅干、杏干、无花果等）。倘若平时吃纤膳食纤维的食物很少，则要逐渐增加这类食物，否则胃难以适应此时身体变化。

♥**要补充水分**。开水、水果和蔬菜汁，对软化大便和促进消化道内食物的推进有很好的效果。

♥**减少糖分的摄入**。如果摄入过量的糖，会损害胎宝宝大脑的功能，容易造成神经敏感和神经衰弱等各种功能障碍。

♥**注意控制盐的吸收量，同时还要继续吃各种维生素和含铁丰富的食物**。猪肝含铁，豆腐含钙，蘑菇含丰富的无机盐和维生素，准妈妈可以多吃一些。如果准妈妈腰酸、腰痛，可以适当吃一些有安胎养血作用的食品，如乌鸡、蛋黄等，它们都能起到安胎的作用。

增加蛋白质的摄入，保证胎宝宝的大脑发育

胎宝宝之所以具有人的记忆力，是因为其脑细胞内含有充分的核糖核酸和某种蛋白质，借以进行高效率的信息编码储存和提取。蛋白质是智力发育的必需物质，能维持和发展大脑功能，增强大脑的分析、理解及思维能力，使胎宝宝大脑皮层沟回增多、加深，完善大脑的形态结构。专家建议，孕期准妈妈需增加优质蛋白的摄入。

✱准妈妈应多阅读一些关于孕产知识的书籍，了解相关知识，安然度过孕期。

本月胎教月记

年　月　日　星期　　孕　月　周

❶ 自我感觉（记下自己的异常感觉及饮食、二便、睡眠情况）

❷ 自我检查

体重（千克）：	腹围（厘米）：
血压（毫米汞柱）：	子宫底高度（厘米）：
胎动（次/分）：	脉搏（次/分）：
下肢浮肿：无□ 轻□ 中□ 重□	其他：

❸ 产前检查

❹ 医嘱和用药情况

❺ 精神状况和其他事情

❻ 胎教记录

Part 4

孕中期的胎教——抓住胎教的最佳时机

这个阶段，准妈妈的各种早孕反应慢慢消失，胃口也好起来，但是麻烦也随其而至：肚子慢慢大起来，行动开始不方便。从此阶段开始，胎宝宝进入了快速成长期，各种器官开始长成，听觉和记忆力逐渐成熟，而且能听到并记住准妈妈的声音。此时，80后的准爸爸和准妈妈可以积极地和胎宝宝进行互动了！

脑部发育加速进行

——怀孕13～16周的胎教方案

此时的胎宝宝开始在准妈妈的腹中自由自在地活动了：一会儿伸展伸展胳膊，一会儿踢踢腿，吃饱的时候还会打个嗝……这些都是他健康发育的特征和表现，他的这些“动”让准妈妈特别高兴。

本月胎宝宝的发育情况

孕4月，胎宝宝身长已经长到14～17厘米，体重约120克。皮肤颜色进一步加红，也变厚了，脸上长出叫做毳毛的细毛。此外，胎宝宝的胳膊、腿能稍微活动了。胎宝宝肺脏的发育在此期间已基本完成，呼吸系统变得发达起来，胸部能够做有规律的收缩活动。

这时在准妈妈的腹部可以听到胎宝宝心脏跳动的声音，频率约为150次/分钟。胎宝宝的内脏器官已全部成型，感觉器官、平衡器官和味觉器官已发育得很好，可以感受到外界刺激，并可将这种刺激传给大脑。此时胎宝宝的神经主向也有了充分的发展。脑部重要的记忆系统开始形成，对外界刺激的反应已比较灵敏，能清楚听到子宫外部的声音，对准妈妈情绪的变化和感受也更加直接。

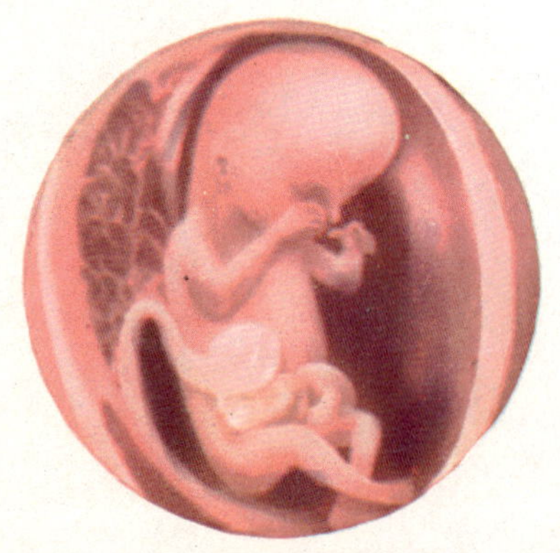

本月准妈妈的变化

孕4月，准妈妈的身体有了明显的变化：随着胎宝宝的迅速增长，子宫体积明显增大，并在耻骨上面两指处可以摸到；乳房明显增大，乳头及乳晕呈深褐色，乳房内的腺体增加，挤压时，可流出一些白色的液体，即初乳；准妈妈也会有轻微的出汗，甲状腺的范围也在扩大。准妈妈的基础体温也会下降，到生产时都保持低温状态。早孕反应逐渐消失，准妈妈进人了最稳定的时期。因腹部压力增大，影响下肢静脉回流，表现为小腿等部位“青筋”突出；由于腹压加大，因而局部压迫出现多尿和便秘。准妈妈除了感觉到怀孕的喜悦之外，会将更多的心思转移到腹中的胎宝宝身上来。

♥经过近3个月的禁欲生活后，在本月可开始有适当的性生活。但一定要节制次数，动作要轻柔，以免伤及胎宝宝。

♥在本月，因肠蠕动减弱，肠管张力减低，子宫压迫直肠，以及运动量减少，准妈妈很容易发生便秘。此时，应多吃含膳食纤维的蔬菜、水果，如韭菜、芹菜、梨、香蕉等来预防和缓解便秘，并坚持每日做一些适量的运动，如广播操、散步等，还要养成定时排便的习惯。如便秘严重，可酌情使用缓泻剂，如开塞露、甘油栓等。但严禁服用泻剂，以免引起早产。

本月需要注意的事项

♥从怀孕的第4个月起，准妈妈的腹部一天天大起来了，这样很容易造成准妈妈疲劳。准妈妈每天睡眠时间不得少于8小时，在白天还应至少保证1个小时的午休时间。

♥准妈妈身体容易出汗，分泌物也会增多，因此特别容易受病菌感染，所以每天必须进行淋浴或清洁阴部，并且勤换内衣裤。但要注意，洗浴时水温不宜过高或过低，以37℃左右为宜。

适合准妈妈的食物

- **最佳保胎的蔬菜**：菠菜。菠菜含有大量的叶酸，有保胎功能。
- **最佳防呕吐的食物**：柠檬汁、姜汁。可加一点点啤酒。
- **最佳饮料**：绿茶。绿茶里含有丰富的矿物质。建议饭后半小时再喝。
- **最佳防早产的食物**：鱼。最好是活鱼。
- **最佳零食**：南瓜子、核桃等坚果。它们含有丰富的维生素E。
- **最佳酸性酸味食品**：苹果、西红柿、葡萄等。不要吃酸菜等酸性的坛子菜。
- **最佳促分娩食物**：巧克力。巧克力有促进分娩的功能。

本月胎教要点

这个月仍应进行音乐胎教，一方面要胎宝宝听，另一方面准妈妈自己听，使自己精神安宁，情绪平稳，给胎宝宝营造一个美好舒适的成长环境。进入孕中期，准妈妈的胎教规律最好和生物钟结合起来。从胎宝宝的生物钟来看，晚上8时时，其听觉神经最为敏锐。准妈妈可适当在此期间进行听觉胎教。此外，自孕12～13周起，胎盘发育成熟，肩负起提供胎宝宝营养与代谢胎宝宝废物的重任。此时准妈妈不应偏食，而应当摄入品种多样、富含营养的食物。

按时进行产前检查

产前检查是从确定怀孕时起就进行的检查，不仅包括对产妇病史的询问、全面体格检查和产科检查，还包括对胎宝宝的监测。通过定期的产前检查，可以全面了解准妈妈的怀孕过程和健康状况，及早发现和治疗妊娠并发症；此外，还可以及时对准妈妈进行孕期和产褥期卫生指导，帮助准妈妈消除对怀孕、分娩不必要的顾虑。产前检查还能让准妈妈主动参与到对胎宝宝的监护工作中，并尽可能及时转正胎位，决定分娩方式和地点。因此，产前检查是保障准妈妈和胎宝宝健康、安全分娩的必要措施，每个准妈妈都应按期进行。

产前检查的时间，在怀孕3个月内至少检查1次，也就是说从确定怀孕时就应该检查；3个月以后每4周查1次；7个月后每2周查1次；9个月后每周查1次；若发现异常情况，应增加检查次数，缩短检查间隔。

孕吐结束后更要重视营养胎教

此时准妈妈的食欲已恢复正常，不论吃什么都觉得非常可口。在孕吐期间吃不下东西的准妈妈，这时总算可以松一口气了。所以，这个阶段的准妈妈就应该适当增加饮食的摄入量，利用这段时间多补充营养，为胎宝宝的健康奠定基础。

这时候，胎宝宝的手脚不仅可以做不规则的活动，有时也会以一只手或双手触摸自己的脸，或是头部上下摆动。这一连串的动作，可以让准妈妈真实感觉到自己腹中孕育的小生命。由于胎宝宝的运动开始活跃，因此也就需要从母体摄取更多的营养。而且从这个阶段开始，准妈妈的进食不仅是为了胎宝宝，同时也是为了母体本身。但是，准妈妈饮食必须“重质不重量”，如果吃得很多而营养不均衡，吃进去的食物就不容易被消化吸收，也就无意义了。准妈妈不要因为喜欢吃某种食物而养成偏食的习惯。有助于形成胎宝宝血液、肌肉、骨骼的钙、铁等元素的需求量日益增加，所以，准妈妈要多食用富含铁和钙的食品，保证其正常供给。

准爸爸胎教课堂

准爸爸参与胎教能让准妈妈感受到被重视和疼爱，胎宝宝也能感受到准妈妈的愉悦心情，因此，准爸爸不可缺席胎教。

体贴准妈妈，间接帮助胎宝宝成长

当初因为妻子怀孕而兴奋得睡不着觉的准爸爸，到了妻子怀孕4个月的时候，兴奋感逐渐消失，于是重新开始了应酬、娱乐或喝酒等旧习，有些妻子会在心中产生“宝宝又不是我一个人的，你也有份”的抱怨，有时甚至会因此引起夫妻间的口角。

这段时期，最好避免夫妻争吵。因为准妈妈若情绪高亢，胎宝宝也不能获得平静。夫妻吵架时，如果用超声波来观察胎宝宝，可发现胎宝宝会有一些异常行为，孕4月时，胎宝宝大脑中枢内控制本能、欲望、心理状态的间脑或旧皮质部分已经形成。当准妈妈情绪不稳定时，间脑的激素就会变化，这时会通过准妈妈血液，经由胎盘流入胎宝宝血液中，再进入胎宝宝间脑，间脑受刺激，就会让胎宝宝的行动产生变化。

在妻子的整个孕期中，准爸爸应多给妻子关爱和协助，这等于间接帮助胎宝宝的成长，如此也能增进夫妻之间的感情。准爸爸体贴妻子的方式很多：代替妻子外出购物；代为整理、打扫环境；在每个周末夜晚，带妻子到外面享受烛光晚餐。但是只要选择适合自己的方式，使妻子保持愉悦心情，那就是准爸爸直接参与到胎宝宝的养育工作中。

陪伴准妈妈

作为丈夫，在早晨陪妻子一起到环境清新的公园、树林或田野中去散步，做做早操，嘱咐妻子白天晒晒太阳，这样，她也会感到你温馨的体贴，心情也会舒畅惬意。其实，丈夫陪妻子一块对胎宝宝进行胎教，和妻子共同分享胎宝宝的一切，这对于准妈妈来说，本身就是一段充满情趣的过程，也有利于增进夫妻间的情感。

✻孕中期，准爸爸体贴准妈妈，经常安抚准妈妈的情绪，有利于胎宝宝稳定、良好的发育。

孕期第13周

宁静即胎教

学会愉悦、宁静地生活

古人认为“宁静致远”，意思是说，人只有心境平稳沉着、专心致志，才能厚积薄发，有所作为。在宁静的心态下，人的智慧就会加深，人的思维就会达到原来没有的高度。对于准妈妈来说，宁静和愉悦的心态也是增长胎宝宝智慧，保持胎宝宝身体健康的一种最佳的心境。

当然我们并不是说，为了追求宁静，准妈妈最好每日静坐不动。我们所说的宁静是一种精神境界，一种心态，而不是具体动作。前面我们已经提到过，对准妈妈来说，每日适当的劳作和轻微的运动还是相当必要的，因此，请不要把这与这儿提到的宁静心态的概念混淆了。

多去欣赏大自然的美

大自然是艺术的源泉，也是智慧和生命的源泉，它不仅能增强人的生命力，也能使人处于灵动状态，增加人的灵气，所谓“山青水秀”、“人杰地灵”是有其道理的。大自然对人智慧上的这些好处，可能是由于其清新的空气、清澈的水源、鲜明的色彩、丰富多彩的造型和万千的变化对人熏陶的缘故吧，所以准妈妈不要整日处于嘈杂、空气肮脏的闹市内，而最好有意识地多去郊外风景宜人之处走走，并且不要对一切熟视无睹、要多看、多体会，要让自己处于灵动状态，处处有感于心。

大自然的美妙能让准妈妈心情开朗，身心放松，对胎宝宝的胎教和发育都有很好的作用。

现在，请准妈妈们多和胎宝宝一起去进行森林浴和风浴吧。闲暇时间，准妈妈到森林中去充分享受一下清爽宜人的林间空气，让温暖的阳光照耀在身体上，让胎宝宝也感受到温暖，让身心都充分放松。森林浴包括登山观景、林中逍遥、荫下散步和郊游野餐等广泛接触森林环境的健身活动，风浴则是在森林里感受风的柔和，放松身体和心情。最为重要的是，森林中的空气清洁、湿润，氧气充裕，可让准妈妈呼吸到森林里的新鲜空气，从而避免因氧气不充足、空气污浊而引发的呼吸道疾病，并减轻其心脏负担。

与此同时，森林的隔声效果会使准妈妈感到一种远离都市喧闹嘈杂特有的宁静，绿色的环境和优美的风景能给准妈妈以安谧舒适的感觉，尤其是森林空气中的负离子，对准妈妈健康有益，且其含量要比室内多得多。这对胎宝宝来说，也是种胎教。

准妈妈静坐安胎法

静坐对准妈妈来说，是较为简易、有效的健身之道。静坐能增强准妈妈生命原有的能力，能改善其因怀孕所带来的心灵压力与问题，进而使胎宝宝的身心更为健康强壮，使得准妈妈及胎宝宝都能从中受益、改善身心，是一个一举两得的好方法。此外，准妈妈身体的不适，也可以通过静坐安胎法来调整改善。

练习静坐前，宜先做放松法的练习，接着再练习准妈妈的静坐法，这样会产生事半功倍的效果。而将放松法与静坐结合，也是准妈妈保身安胎的一大利器。

准妈妈练习静坐时，应选择安静、空气流通的地方，同时要特别注意身体的保暖。留意不要让冷气或风直接吹到身上。

而且练习静坐时，准妈妈的感觉会变得比较敏锐，所以应该避免干扰。

✱在孕期进行瑜伽冥想有助于准妈妈平静心情，放松身心。

瑜伽冥想法有利于准妈妈获得宁静

冥想最初来自于佛教用语，如今在瑜伽中被广泛采用，主要是指通过获得深度的宁静状态而增强自我知识和良好状态。冥想对于缓解准妈妈的焦虑，舒缓准妈妈的紧张方面有着明显的作用。冥想是一种对孕期十分有利的静坐运动形式。瑜伽冥想法的具体做法和步骤是：选择一个专门的地方来练习；选择一个固定的时间；坐下来后，让背部、颈部和头部保持在同一条直线上；在冥想的过程中，保持身体温暖（天凉时你可以围条毯子），引导你的意识保持平静；让你的呼吸有规律的进行——先做5分钟的深呼吸，然后让呼吸平稳下来；建立一个有节奏的呼吸结构——吸气3秒，然后呼气3秒；经过一段时间的练习，游离的思想状态会慢慢消失。

孕期第14周

胎宝宝爱运动

胎宝宝能感受舒适或不快，大约是在怀孕14周，约4个月的时候，这也是准妈妈好不容易开始习惯怀孕的时候。

怀孕14周左右，胎宝宝脑中的大脑边缘系统开始形成。大脑边缘系统对于掌控支配人类的动物性感觉（视觉、听觉、嗅觉、味觉、触觉五感），具有十分重要的功能。

可以做简单的体操

进入孕3个月后，准妈妈可以开始做简单的体操。

怀孕后，随着体重的增加，准妈妈会懒于活动。但是活动不足容易使健康状态失衡，造成难产。所以，从怀孕 3 个月起，准妈妈每天最好坚持做简单体操。可有流产先兆者，要遵医嘱。流产危险消除后，再慢慢做做看。

研究表明，胎宝宝的活动力强弱能预示他们出生后活动能力的强弱。在正常情况下，通过出生后的观察得知，胎宝宝期活动强者，出生后的动作协调程度及敏锐程度均优于在出生前活动较弱的宝宝。

法国心理学家贝尔纳·蒂斯也做过类似的研究。他认为，未来的父母们可以通过言语、动作等与腹中的胎宝宝交流信息、增加彼此的感情。父母们可通过轻柔的动作和呢喃的语言可以使腹中的胎宝宝得到安全感及愉悦感，还能促进胎宝宝心理及生理的发育，出生后的宝宝也容易与外周环境相适应。下面是两种简单的方法：

1.准妈妈仰卧在床上，头部不要垫高，全身尽量放松；

2.用双手捧住胎宝宝，按照从上到下、从左向右的顺序抚摸胎宝宝，反复10次。

坚持一段时间以后，在怀孕6～7个月时，母亲便能感觉到胎宝宝的形体了。孕8个月时，胎宝宝的头和背已能分辨清楚。这时，即使胎宝宝再发脾气，母亲也

✻ 准爸爸和准妈妈可做互动体操，促进胎宝宝的健康发育。

可以抚摸它、安慰它，而胎宝宝也会用轻轻的蠕动来报答，因为胎宝宝长大了、懂事了。

但是帮助胎宝宝做操时还要注意：

定时：一般是在晚上九十点胎宝宝活动频繁时，每次时间在5分钟左右；

循序渐进：开始的时候宜每周3次，以后可增加次数；

可以配合播放和缓的音乐，效果更佳。

准妈妈要注意锻炼腿部。因双腿要支撑逐渐加重的身体，所以比平时更容易疲劳，感觉麻木，容易抽筋。因此，准妈妈平时就要注意保持良好的血液循环。这种体操坐在椅子上就可以做。

还可以盘腿做运动。盘腿坐运动有助丁放松腰部关节，拉长产道肌肉，宜于宝宝自然娩出；准妈妈最好能坚持每天早上和晚上各做一次。

可做有益身心的皮拉提斯运动

皮拉提斯运动是国际上最风靡、最受推崇的一种健身、修身方式。其动作缓慢，且每个姿势都必须和呼吸协调，非常适合怀孕期间的准妈妈们去做。它不仅能增强准妈妈身体柔韧性和力量，还能防止肌肉松弛，使准妈妈的身心得到完全的放松，达到修养身心的目的。

准妈妈可以一边深呼吸一边放松身体，一边仔细地完成每个姿势。要缓慢地吸气吐气，应注意不要让肚子鼓起来，而是让胸口和背部有鼓起的感觉。另外，准妈妈需注意的是吸气时，肩膀不要往上提，吐气时身体不要往前倾。

帮助胎宝宝做体操

准妈妈从感觉到胎动时起，就可以每日定时地与胎宝宝互动一下，可以适当地帮助胎宝宝做体操。准妈妈可以通过按摩，拍打的方式，帮助胎宝宝做各种运动，许多这样做过的准妈妈发现，这对胎宝宝有很大的帮助，出生后宝宝的体格会非常健康。

准妈妈做胎宝宝点按操的具体方法是：准妈妈平躺在床上，全身尽量放松，在腹部松弛的情况下，用一个手指轻轻按一下胎宝宝再抬起，此时胎宝宝会立即有轻微胎动以示反应；有时则要过一阵子，甚至做了几天后才有反应。准妈妈最好是在早晨和晚上开始做为宜，每次时间不要太长，5～10分钟即可。胎宝宝体操开始时只做1～2下即可，到孕8个月以后，可持续10分钟。

和胎宝宝做互动游戏

当胎宝宝踢准妈妈肚子时，准妈妈可轻轻拍打被踢部位，然后再等第2次踢肚。一般在1～2分钟后，胎宝宝会再踢，这时再拍几下，接着停下来。如果你拍的地方改变了，胎宝宝会向你改变的地方再踢，要注意，改变拍的位置离原来踢的位置不要太远。准妈妈可以每天早晚共进行2次，每次3～5分钟，其姿势同爱抚法。

孕期第15周

关注胎宝宝胎动里的健康信息

对胎宝宝进行触觉、听觉训练

准妈妈怀孕到第12~16周时，胎宝宝会出现第一次胎动。此时，标志着胎宝宝的中枢神经系统已经分化完成；胎宝宝的听力、视力开始迅速发育，并逐渐对外界施加的压力、动作、声音做出相应的反应，尤其对准妈妈的血液流动声、心跳声、肠蠕动声等更为熟悉；胎宝宝对来自外界的声音、光线、触动等单一刺激反应更为敏感。若我们借助胎宝宝神经系统飞速发展的阶段，给予胎宝宝各感觉器官适时、适量的良性刺激，就能促使其发育得更好，为出生后早期教育奠定良好的基础。

♥可进行听觉训练

此阶段，胎宝宝的听神经与听觉系统迅速发展，夫妻双方或准妈妈可以很好地利用这一段时间，有意识地对胎宝宝进行相应的听觉训练。

例如，可以给胎宝宝播放优美抒情的乐曲，也可把胎宝宝作为一个听众，与他聊天、讲故事、朗诵诗歌，尤其准爸爸可以与胎宝宝进行有意义的对话等。这些方法都可以刺激胎宝宝的听觉发育，而且对培养宝宝未来良好的听力很有帮助。

♥进行触觉与动作协调训练

此阶段，胎宝宝的神经系统发育迅速对触觉与力量付出很敏感。夫妻双方可对胎宝宝进行动觉、触觉训练，例如，轻轻拍打和抚摸准妈妈的腹部，与胎宝宝在宫内的活动相呼应、相配合，使胎宝宝对此有所感觉；按时触摸或按摩准妈妈腹部，可以建立与胎宝宝的触摸沟通，通过胎宝宝反射性的躯体蠕动，促进其大脑功能的协调发育，尤其可以有助于宝宝未来的动作灵活性与协调性。

全方位提升胎宝宝的能力

♥多吃

从第4个月起，早孕反应消失了，准妈妈的胃口会越来越好，每天除了定量的一日三餐之外，还要多吃营养丰富的食品，包括水果、坚果类、粗粮等，以保证胎宝宝的营养所需。

♥多运动

胎教，一个非常重要的内容就是运动。准妈妈要经常散散步，最好是在准爸爸的陪同下，可以边走路边看看路边的风景，或者一边走一边给胎宝宝讲讲外面的世界，在愉快的心情中，身体也得到了锻炼，也给胎宝宝提供了更多的氧气。

♥多学习

怀孕后，很多准妈妈可能会选择在家休息，什么也不干，什么也不学。其实准妈妈可以在怀孕中学习很多东西，如果身体允许，准妈妈应该学而不倦。

准妈妈要小心这三种异常胎动

怀孕4个月后，胎宝宝开始运动了，便有了胎动，如果胎动突然间出现异常，准妈妈可要小心了，这可是关系到胎宝宝安危的事情了。

♥胎动突然减少

一般来说，胎动减少是因为准妈妈轻微发烧，胎宝宝会受到羊水的缓冲作用，并不会受到太大的影响。值得注意的是引起准妈妈发烧的原因，如果是一般性的感冒而引起的发烧，不必过多担心。如果是感染性的疾病或是流感，尤其对于接近预产期的准妈妈来说，对胎宝宝的影响就较大。准妈妈的体温如果持续过高，超过38℃的话，都会造成胎盘、子宫的血流量减少，胎宝宝也就变得安静许多。所以，为胎宝宝健康着想，准妈妈需要尽快去医院，请医生帮助。

♥胎动突然加快

一般来说，胎宝宝在妈妈的子宫里，有羊水的保护，可减轻外力的撞击，在准妈妈不慎受到轻微的撞击时，不至于受到伤害。但一旦准妈妈受到严重的外力撞击时，就会引起胎宝宝剧烈的胎动，甚至造成流产、早产等情况。此外，如果准妈妈有头部外伤、骨折、大量出血等状况出现，也会造成胎动异常的情况发生。

♥急促的胎动后突然停止

正常的脐带长度为50厘米，如果脐带过长则容易缠绕胎宝宝的颈部或身体。因为好动的胎宝宝已经可以在羊水中自由地运动了，翻身打滚也是常有的事情，所以一不小心就会被卡住。一旦出现脐带缠绕或是打结的情况，就会使血液无法流通，导致胎宝宝因缺氧而窒息的现象。有上述情况出现时，准妈妈会感觉到：胎动会出现急促的运动，经过一段时间后又突然停止，这就是胎宝宝发出的异常信号。

✱孕4～5月母体可感受到明显的胎动，准妈妈会感觉胎宝宝像鱼在游泳，或者吐泡泡。

孕期第16周

做个靓丽准妈妈

靓丽孕妇装，让准妈妈更有孕味

进入孕4月，即便一般的大码衣服也不能满足准妈妈的腰围了。孕妇装的问题也就提上了日程。那么，如何挑选孕妇装呢？

一是要看孕妇装的质地。孕妇装的质地一般应以轻柔、耐洗、吸水、透气为主要原则。

二是要兼顾孕妇装的款式。孕妇装的最基本特点就是宽松，不会勒紧腹部，给胎宝宝最舒适的环境，但款式会有所不同，选购时仍要有所选择。比如，在尺码上，要买大不买小，也不要买刚刚好的；胸腹部、袖口处要宽松，这样动起来不会受到限制；上衣最好是开前襟或者肩部开口的，这样穿脱比较方便；另外，也可选择是上下身分开的，这样穿脱也比较容易。

穿着得当也能有好心情

很多准妈妈都认为孕期很特殊，不需要精心打扮，因此穿衣装扮方面很随意。其实，孕期不妨打扮一下自己，这样可以为你和腹中的胎宝宝带来一份美好心情。准妈妈的服装具有特殊性，但只要把握几个原则，就能在孕期穿着舒适，穿出自信，做一个漂亮、美丽的准妈妈！

♥穿有弹性的衣服

所穿衣服的布料要柔软，有弹性，少装饰。裤带和袜子不可过紧，以免影响下肢血液流通。

♥选择一双合适的鞋

准妈妈最好不要穿高跟鞋，也不要穿合成皮鞋和尼龙鞋，这类鞋透气不好，容易加重双脚浮肿，应选择宽松、轻便、透气性好的鞋，同时准妈妈还要选择比自己双脚稍大一点的鞋，但也不要过于宽松，以防走路时不跟脚。穿的鞋应有防滑性，宜选用有弹性又柔软而且是以防滑材料作为鞋底的鞋，以防走路时跌跤。

✱准妈妈弯腰不方便，因此最好选择平底、宽松的轻便鞋，尽量避免弯腰系鞋带。

准妈妈文胸选择学问大

♥文胸肩带要可以进行微调，以便能调节

准妈妈此时应该选择合适的文胸。

到不勒肩的程度；文胸肩带尽量选宽一些，以免勒入皮肤；调节扣要有4～5个，可以调节文胸下围使其不勒皮肤。

♥罩杯上沿不要过紧，如果感觉罩杯上沿很紧，最好选择再大一号的。

♥文胸下围不要过紧，但是太松了也不行。选择在稍微活动的时候不勒皮肤的文胸就可以了。

♥文胸中心部分不能翘起来，否则说明你所穿的文胸较小，但如果能够伸进去2～3个手指，则说明选择的文胸大了。

选择适宜的防辐射服

现代生活中，辐射无处不在：电脑、手机、微波炉、高压线……这些辐射不仅对准妈妈的健康不利，更会影响到胎宝宝的健康。

所以，如果准妈妈是电脑操作者，或者长期接触高频和微波，或者是防静电等工作人员，那么，就该穿件防辐射的衣服。

防辐射服的款式有肚兜、吊带、围裙、马甲、孕妇裙、孕妇套装等。这些款式该如何选择呢?

春夏可以选择孕妇裙或者肚兜，秋季可以选择套装、围裙或者吊带，冬天则可以选择套装或者马甲。

其他服饰的选择

♥内裤

准妈妈的腹部是重点保护部位，可选择上口较低的迷你内裤或上口较高的大内裤，而且内裤布料最好有一定的弹性，以适应不断变大的腹部，以便不妨碍正常的血液循环。

♥贴身内衣

孕期准妈妈的皮肤会异常敏感，而经常接触人造纤维面料的孕妇装，容易引发准妈妈皮肤过敏，从而影响胎宝宝的健康发育，所以应选择纯天然质地的全棉、真丝，穿着舒适的贴身内衣。

♥袜子

孕中期，有的准妈妈开始腿肿脚肿，如果在不冷不热的时节，不妨穿孕妇裙。同时可以再穿一双弹力长筒袜，因为弹力袜有消除疲劳、防止脚踝肿胀和静脉曲张的作用。

专题　孕期要定期做产前检查

从发现怀孕起，准妈妈就要树立起定期做产前检查的概念。产前检查是按照胎宝宝发育和母体生理变化特点来制订的，其目的是为了查看胎宝宝的发育和准妈妈健康状况，以便于及早发现问题，及早纠正和治疗，使准妈妈和胎宝宝能顺利地度过整个孕期。

产前检查的好处

定期产检能连续观察、了解各个阶段胎宝宝发育和准妈妈身体变化的情况，例如，胎宝宝在子宫内生长发育是否正常，准妈妈的营养是否良好等；也可及时发现准妈妈常见的并发症，如妊娠水肿、妊娠高血压综合征、贫血等疾病，以便及时治疗，防止疾病发展。

产科检查

产科检查主要包括腹部检查、阴道检查和骨盆检查。

♥**腹部检查**。腹部检查主要是查明胎位，并对胎儿的大小、生长情况及羊水的多少，做大概的估计。

♥**阴道检查**。在怀孕和分娩过程中有极重要的诊断价值。准妈妈初次阴道检查非同一般的妇科检查，以后应尽量避免阴道检查。必要时可作肛门检查。

♥**骨盆测量**。骨盆测量主要是测量准妈妈骨盆外、内的大小，以估计分娩的情况。

辅助检查

根据以上检查发现的情况，再进行单项检查。包括化验、B超、心电图以及羊水检查等。

必要时进行特殊检查

准妈妈除进行定期检查外，还应根据自己的情况和医生的建议进行以下各项检查：

♥再做一次贫血检查，如患贫血，应及时予以治疗。

♥准妈妈和准爸爸的血型是OAB血型或者RH阳性和阴性的组合时，就要及时去做母胎血型检查，以防止母胎血型不合而发生新生儿溶血症。

♥做空腹时的尿糖检查。

✻产前检查是保证准妈妈和胎宝宝健康的前提。

本月胎教月记

年　月　日　星期　　孕　月　周

1. 自我感觉（记下自己的异常感觉及饮食、二便、睡眠情况）

2. 自我检查

体重（千克）：	腹围（厘米）：
血压（毫米汞柱）：	子宫底高度（厘米）：
胎动（次/分）：	脉搏（次/分）：
下肢浮肿：无□ 轻□ 中□ 重□	其他：

3. 产前检查

4. 医嘱和用药情况

5. 精神状况和其他事情

6. 胎教记录

胎教进行中

——怀孕17～20周的胎教方案

此时，准妈妈的身体已经历了孕吐的考验，身心非常稳定，有足够的精力对胎宝宝进行胎教；而胎宝宝的器官和组织也正在迅速发育，能对各种外界刺激做出反应，从而具备了接受教育的前提，此时可谓胎教的天赐良机。

本月胎宝宝的发育情况

5个月时，胎宝宝发育迅速，身高可达20～25厘米，体重250～300克。全身长出细毛，头发、眉毛、指甲等已齐备，脑袋的大小像个鸡蛋。头重脚轻的身体分成3部分，并且匀称了许多。皮肤渐渐呈现出美丽的红色，皮下脂肪开始沉积，逐渐变成不透明的了。

随着骨骼和肌肉的健壮，胳膊、腿的活动多起来，这时准妈妈会感到明显的胎动。心脏的搏动也强劲起来，可明显听到胎心音。胎宝宝的手指可以单独动作，而且还开始吸吮手指，用脚踢子宫壁。其实，胎宝宝不断运动是在帮助自己的神经、肌肉与骨骼更快发育。胎宝宝的大脑虽然尚未产生皱褶，但基本的构造已经形成。神经系统逐渐发达，延髓部分的呼吸中枢开始发挥作用，而且，前头叶也非常明显。内耳区负责传递声音的“蜗牛壳”也完成了，可以感觉声音，因此在这个时期，胎宝宝可以记忆准妈妈的声音。

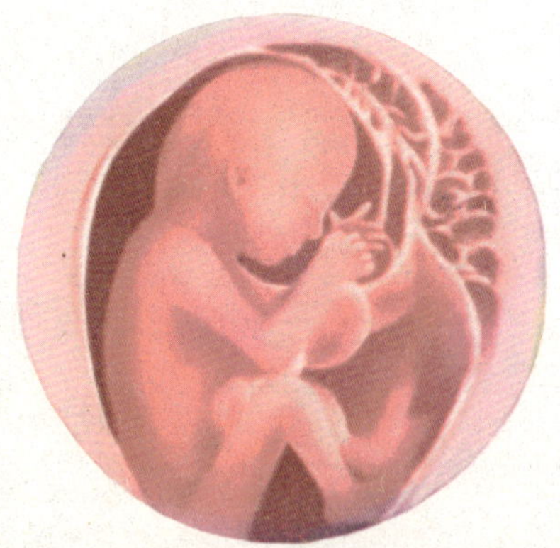

本月准妈妈的变化

进入孕5月，很多准妈妈的肚子已大得一目了然，准妈妈的外貌与体形也有了较大变化：子宫的增大使下腹愈发隆起，子宫底的高度与肚脐平齐，乳房和臀部变得丰满，皮下脂肪增厚，体重增加。

这时的子宫直径约有18厘米，羊水量为200～350毫升。准妈妈的乳房明显增大，乳头颜色加深，体积增大，易勃起，乳晕着色。在孕20周左右会分泌初乳。而且准妈妈的臀围变大，皮下脂肪增厚，体重增加2000～3000克，体形变得圆润丰满。有些准妈妈会出现色素沉着，面部尤为明显。到产褥期就会自然消失。

妊娠纹可能从现在开始出现，可进行有针对性的按摩加以避免。准妈妈可以微微感觉到胎动，肠道不时发出蠕动声音，会有肚子不舒服等现象出现。

本月需要注意的事项

到了孕5月，准妈妈应注意腹部保暖，并防止腹部松弛，最好使用束腹带或腹部防护套。此时乳房进一步胀大，最好选择尺码较大的胸罩，有些人可能会有乳汁排出，需使用乳垫。胎宝宝日渐发育，需要充分的营养。

孕中期是怀孕阶段中最安定的时期。准妈妈不能一味休息静养，应坚持一些必要的活动，如做体操、散步、旅游和居室整理，参加有关分娩准备的课程和宝宝护理讲座等，但仍应避免过分劳累。在此期间可有节制地进行性生活。

孕中期要谨慎饮食预防妊娠糖尿病

很多准妈妈在进入孕中期之后会“一人吃，两人补”，对饮食丝毫不加节制。这样做是满足了一时的“口腹之欲”，但是却对整个妊娠过程埋下了隐患，最直接的后果就是因为营养摄入过多，体重增长过快而发生“妊娠糖尿病”。妊娠糖尿病除了导致母亲肥胖，行动不便，增加各种疾病感染的机会之外，还会引发妊娠高血压综合征。长期高血糖也容易导致子宫胎盘血管病变，从而引起胎儿生长迟滞，甚至胎死腹中。所以，在孕中期，准妈妈在保证营养供应充足的同时，也要注意控制饮食，少吃高糖、高脂肪、高热量的食物，多吃富含膳食纤维和维生素的食物，保持饮食均衡，从而保证营养的合理摄取，预防妊娠糖尿病对孕期带来困扰。

本月胎教要点

胎宝宝生长发育到5个月时，胎动更加活跃，心跳也更加有力，感知功能明显提高，对外界传入刺激信号的接受能力大大提高，能够本能地区分出准爸爸和准妈妈的声音，还能听到准妈妈的心跳声，这时除继续前几个月的胎教方式外，还可增加和胎宝宝做游戏、给胎宝宝讲故事等胎教内容。

与胎宝宝玩耍有利于胎宝宝发育

通过超声波的屏幕，我们可以看到5个月以后的胎宝宝伸懒腰，打哈欠，偶尔还会调皮地用脚蹬一下准妈妈的肚子，很快脐带成了他的游戏对象，只要一有机会，他便抓过来玩几下，有时还抓住脐带将它送到嘴边。这些动作都说明了胎宝宝已经完全能够进行游戏活动了。

外国育儿专家提出了一种“胎宝宝体操与踢肚游戏”胎教法，通过准妈妈与胎宝宝游戏，达到胎教的目的。具体做法是：在怀孕5～6个月，准妈妈能感觉到胎宝宝形体的时候，即可对胎宝宝进行推晃式锻炼，即轻轻推动胎宝宝，使之在腹中“散步”、“荡秋千”、“踢腿”。

此外，实践已经证明，准妈妈和胎宝宝做“踢肚”游戏有助于宝宝出生后站、走的发展，使宝宝身体更灵敏、健壮。而且观察发现，宝宝出生时大多拳头松弛，啼哭不多。到孕中期，准妈妈便能感到胎宝宝的活动，胎宝宝感到心满意足时，会有节奏地踢准妈妈的腹部。这时候准妈妈就可以和宝宝玩踢肚游戏了。准妈妈不妨试着做一下。

✻ 孕5月，准妈妈可以通过和宝宝玩“踢肚”游戏来给宝宝良性刺激，促进宝宝运动能力发育。

给胎宝宝朦胧美意识的胎教

本月，准妈妈的早孕反应几乎都消失了，对胎宝宝胎动的感觉更加明显。

这时候，准妈妈应该看一些使人精神振奋、情绪良好的书，给胎宝宝朦胧美意识的胎教。好书可分以下几类：伟大人物的传记，优美的诗歌、儿歌，令人神往的童话和神话，鼓励人积极向上的世界名著，著名的山水和名胜古迹的游记，精美的画册等。阅读这类书籍，对于准妈妈及胎宝宝双方的身心健康都大有裨益。

准爸爸胎教课堂

本月，准爸爸可以触摸到妻子腹中的胎宝宝，是不是会产生满满的幸福感呢？别光顾着开心，也要帮助辛苦的妻子做点小事哦，你的好表现，准妈妈腹中的胎宝宝也能感受得到……

准爸爸可以帮助准妈妈做体检

♥**量宫底。**准妈妈排尿后，采取仰卧位，两腿屈曲，准爸爸可帮忙用卷尺测量耻骨联合的上沿至子宫底的距离。从孕20周开始，每周应该量1次，一般每周增加1厘米。到36周时，由于胎头进入骨盆，宫底上升速度减慢，或略有下降。宫底升高的速度，反映了胎宝宝生长和羊水等情况，如果有过快或过慢的情况，都应当去医院检查。

♥**听胎心音。**准妈妈取仰卧位，两腿伸直，准爸爸可以直接用耳朵或纸听筒贴在妻子的腹壁上听胎心音，其正常声响是滴答、滴答的跳动，一般每分钟为120～160次。过快、过慢或不规则，均属异常现象。

♥**数胎动。**准妈妈仰卧或左侧卧位，准爸爸可以将两手掌放在准妈妈的腹壁上数胎动。胎动正常是胎宝宝健康状况良好的一种表现。胎动一般在怀孕后4个月时开始，7～8个月较明显；一般1小时内胎动不少于3次，不多于8次，如果过多或过少都属于异常。在一天中，胎动主要有两个高峰，即晚上7～9时，和午夜11时至凌晨1时。

♥**称体重。**从准妈妈孕28周开始，可每周测量一次体重，一般每周可增加500克。准妈妈体重过重或不增加，都是不正常的表现，应及时到医院请医生检查。

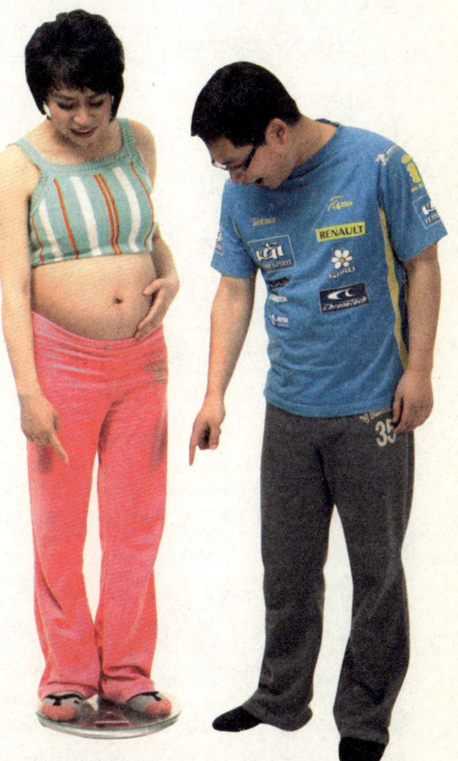

✻孕中期，准爸爸每周可为准妈妈测量体重，以确保准妈妈和胎宝宝的健康。

给准妈妈按摩

孕中期，不少准妈妈都有腿抽筋的现象，适当的按摩就可以缓解这种状况。按摩的作用，主要是借由按压的动作，促进准妈妈的血液循环、减少不适感、缓解压力及增强其抵抗力。而准爸爸给妻子按摩，会让妻子直接感受到你的关怀，心情愉快，为胎教助力。

孕期第17周

准妈妈的爱为胎教添动力

让胎宝宝感受到母爱

胎宝宝的心灵世界简单且易满足，保护生命的本能欲求若能获得满足，他们就会形成记忆快感；若无法获得满足时，就会记忆不畅。当不快的感觉逐渐升高时，胎宝宝就会踢准妈妈的肚子，以行动拼命向准妈妈表现不满。

当胎宝宝踢你的肚子时，准妈妈千万不可以一味地认为是宝宝健康的运动而视而不见。当感到胎宝宝踢你的时候，准妈妈不妨轻轻抚摸肚皮，问一问："宝贝，怎么啦？什么事让你不高兴呢？"刚开始或许他还不了解你的意思，但是，只要你重复地说，渐渐地，他就能从你说话的语气中了解你安抚的意思，也就能感觉到你对他的疼爱。

激发潜藏在心中的无限母爱

在整个孕期，准妈妈倾注博大的母爱，就能让胎宝宝获得巨大的成长力量。准妈妈应仔细捕捉来自胎宝宝的每个信息，以一颗充满母爱的心，浇灌萌芽中的生命，这是胎教最起码的基础。仅就胎宝宝来说，母爱更是独一无二的，能得到母爱是件最幸福的事。但是，也有一些准妈妈不愿付出，对腹中所怀的胎宝宝更是漠不关心，为了保持其身材线条美，既不注意给胎宝宝增加营养，还束胸勒腰，束缚了胎宝宝的正常成长与活动。这对胎宝宝是极为不利的。

准妈妈怀孕以后，特别是在孕中、晚期，要仔细体察胎宝宝发给的信号，关注胎宝宝的生长，坚持锻炼身体，摄入足够营养，避免不良刺激，将伟大的母爱付诸于实际行动中。

重视营养也是爱胎宝宝的表现

孕5月，胎宝宝和准妈妈都进入了稳定期，准妈妈妊娠反应减轻，食欲增加。但是这个时候胎宝宝并没有停止成长，反而

✽经常对胎宝宝说"我爱你"吧，他会感受到的。

成长更加迅速，是各个器官及生理系统的发展完善期，所以准妈妈在营养供应上不能松懈，而是要摄入足够的营养来满足胎宝宝发育的需求。

首先，准妈妈要增加热量的补充。孕中期，准妈妈基础代谢加强，糖利用量增加，比孕前增加200卡的热量需求，所以准妈妈要从食物中及时补充。主食如面包、米饭等主食，是热能的主要来源，准妈妈每日主食摄入量应达400克或大于400克。

其次，要保证优质蛋白质的供给。孕中期是准妈妈和胎宝宝组织增长的快速时期，尤其是胎宝宝脑细胞分化发育的第一个高峰。准妈妈每日应在原基础上增加15克蛋白质，而且一半以上应为优质蛋白质。

另外，别忘了增加维生素的摄人量。孕中期，准妈妈代谢增强，相应地需要增加维生素，可适当补充维生素B_1、维生素B_2、叶酸。为了防止贫血的发生和胎宝宝发生神经管畸形，还要增加维生素A和维生素C的摄人，以适应胎宝宝骨骼的发育。

最后，要补充无机盐和微量元素，满足机体的需要，如钙、铁、锌、碘等。建议准妈妈应每日饮牛奶，经常食用水产品和海产品。

积极心态是表达爱意的基础

和胎宝宝进行语言胎教时，最重要的是要让胎宝宝感受到你无限的爱意，这是胎教的根本所在。类似于“我爱你”、“欢迎你的到来”这样积极的话语将会让胎宝宝感受到更多的你对他的爱。

另外，准妈妈一定要少说消极的话、少做消极的事，因为与其他任何人相比，胎宝宝能更快地感知到准妈妈的情绪变化。准妈妈在视觉和听觉上都尽可能不要接触消极的事物。说话时，要尽量避免使用“太差了”、“不行”等否定词汇的语句，而应尽量多使用称赞和鼓励的语言。比如准妈妈去医院做检查时，发现胎动比较明显或是感觉自己身体状态良好时，都可夸奖腹中的胎宝宝。

只有心态乐观、积极，宝宝才能拥有开朗的性格，因此，准妈妈要保持积极的心态，让胎宝宝也积极起来。

欣赏世界名画，激发母爱

欣赏名画是提高准妈妈审美能力及个人修养的有效方法，也是实施美育胎教的一个主要途径。关于母子情感的名画有很多，著名意大利画家拉斐尔的《圣母子》就是其中之一。

圣母、圣婴原本是典型的宗教题材，画家拉斐尔在此幅作品中，摒弃传统的创作思维，把圣母描绘成一位温柔秀美、洋溢着爱意、微微丰腴的人间母亲。华丽的色彩让画面洋溢着温暖欢快的情调，圣母膝上的圣婴则是活泼的、动态的。这是文艺复兴时期的杰出作品，也是人类美术史上的珍品之一。

准妈妈欣赏这幅画，可以充分感受到母爱的愉悦和欣赏，同时也能激发起强烈的母爱，对胎宝宝产生良好的刺激。

孕期第18周

涂涂画画里的胎教密码

绘画胎教，艺术的熏陶

此时的胎宝宝，四肢已经健全，已有认识及接受外界事物的能力。物的形象更具体，就会更深刻。胎宝宝的脑细胞虽没长全，但已十分敏锐。通过绘画胎教，可以使胎宝宝认识更多的外界事物。

在进行绘画胎教时，准妈妈应该先学绘画。在学的过程中，不论是动脑还是动手，都能影响到胎宝宝，变成母子俩一块学。比如学画一个苹果。准妈妈先照图样画个圆形，再画上苹果把儿，然后向胎宝宝做介绍："这个大苹果红红的。多漂亮，吃起来甜甜脆脆，可好吃了"。准妈妈这些举动会使自己的脑细胞特别活跃，所产生的脑电波系统也会动起来，进而传递给胎宝宝。

准妈妈画画的时候，不要在意自己是否画得专业，可以持笔临摹美术作品，也可随心所欲地涂抹，只要自己感到是在从事艺术创作，那对胎宝宝来说，就是一种胎教。

用想象力给胎宝宝画像吧

有关研究表明，如果准妈妈经常想象胎宝宝的模样，那么胎宝宝出生后的样子与之前想象的样子在某种程度上将会较为相似。这是因为准妈妈和胎宝宝具有生理和生理上的密切联系。而且准妈妈在想象胎宝宝模样的过程中，平和、静谧、良好的心境会传输给胎宝宝，渗透到胎宝宝的身心之中。

*准爸爸和准妈妈一起绘画，不仅是一种良好的胎教，还可增进夫妻感情，一举两得。

准妈妈在想象胎宝宝美好形象的过程中，心里会很愉悦，情绪会达到最佳状态，这时身体会分泌良性激素，使胎宝宝的面部结构和皮肤发育良好。

此时，可开始为胎宝宝“画像”了，准爸妈可以对胎宝宝说出你们所设想的模样：“宝宝，爸爸和妈妈希望你有一双漂亮的大眼睛，希望你的脸型是圆的，这样比较可爱……”在说的过程中，准妈妈要用心把这些“画像”刻画在自己脑海中，运用意念的力量传输给胎宝宝。

让胎宝宝通过卡片了解世界

胎教成功的诀窍就是将三维要素（即具体的、有立体感的形象而不是平面的形象）导入胎教中去。

所以在进行卡片胎教时，准妈妈要学会运用自己的声音和丰富的想象，把内容传输给胎宝宝。比如在教阿拉伯数字“1”时，要集中注意力在“1”上，观察它的形状和颜色，当它的形象在脑海中很鲜明时，再做些有意思的想象：想象有一只鸭子浮在小河上，有一棵大树矗立在草原上，有一只大雁飞过了天空……这些想象可以用来表示数字“1”的含义。

当然，在想象这些有意思的情景时，别忘了发好“1”的准妈妈可以先清晰地发出“E”的读音给胎宝宝听。然后开始想象“E”飘在平静的湖上，想象过了一会儿它像沉入水底一样牵引到了自己的肚子中。在这时可告诉胎宝宝，它左边是一条竖杠儿，右边有三条横杠，正好把竖杠等分为3等份，让胎宝宝了解“E”的形状。准妈妈应多重复几遍字母的发音，再给胎宝宝几个以“E”开头的单词，并解释这些单词的意思，写在纸板上来加深记忆。

教胎宝宝认识各种图形

图形的学习与数的学习一样，重要的是将学习内容与生活紧密地联系在一起。教胎宝宝认识各种图像，准妈妈利用周围的东西进行实物教学是最有效的。例如，以闪光卡片上描绘的图形为基础，将其视觉化后传递给胎宝宝。

在教胎宝宝认识各种不同图形的时候，例如要认识正方形时，准妈妈如果说：“这个图形是由四条直线围起来的，并且四个角都呈直角。”这样的解释虽然是对的，但是这种从平面几何的角度进行的解释是很难引起胎宝宝兴趣的，所以就要找出身边呈正方形的实物来进行讲解。

准妈妈完全可以这样做：“和卡片上的图形一样的东西在哪儿呀？”先提出问题，然后和胎宝宝一起寻找，“找到了，坐垫，桌子。”这时可以一个个拿在手里，一边讲“这是正方形”，一边用手描着这个图形的轮廓，通过这种“三度学习法”进行胎教。相信会给胎宝宝留下更深刻的印象。

学完正方形、长方形、正三角形、圆形、半圆形、扇形、梯形、菱形等平面图以后，可以再告诉胎宝宝什么是立方体、长方体、球体等，可一步步深入。

孕期第19周

与胎宝宝一起听音乐

让胎宝宝通过音乐感受欢乐

音乐是情感的表达，是心灵的语言。它能使人张开幻想的翅膀，随着优美欢快的旋律翱翔于天空。音乐可唤起胎宝宝的心灵，打开智慧的天窗，让胎宝宝通过音乐感受欢乐。

这个时期，准爸爸要督促准妈妈继续有计划地给胎宝宝做循序渐进的胎教，让胎宝宝听柔和的音乐。

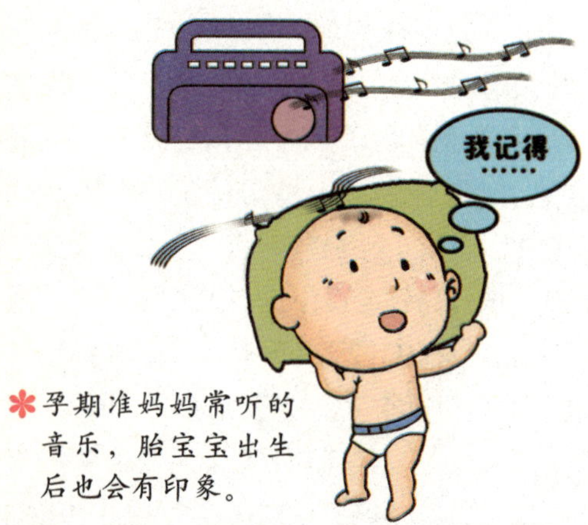

✻孕期准妈妈常听的音乐，胎宝宝出生后也会有印象。

胎教音乐的“黄金三守则”

♥**优美的音乐并非都适合作胎教教材**。很多成人听起来很优美的音乐，如理查德·克莱德曼的一些钢琴曲，虽然好听，但不适宜作胎教音乐。作为胎教音乐，要求在频率、节奏、力度等方面，应尽可能与宫内胎音合拍。专家指出，若频率过高会损害胎宝宝内耳螺旋器基底膜，使其出生后听不到高频声音，而且节奏过强、力度过大的音乐，可能会导致宝宝听力下降。

因此，选作胎教的音乐，应先经医学、声学测度，看是否符合听觉及生理学的要求。只有完全符合听觉生理要求的胎教音乐，才能对胎宝宝起到开发智力、促进健康的作用。

♥**不要将传声器贴在腹部**。胎宝宝的耳蜗尚未发育成熟，尤其是内耳基底膜上面的短纤维极为娇嫩，当受到高频声音的刺激后，很容易受到损伤。轻者，宝宝出生后可以听到说话声，却听不见高频的声音；重者将会给宝宝造成一生无法挽回的听力损害。

因此，准妈妈千万不能将传声器贴在腹部进行胎教。

♥**高频声音危害大**。为了避免高频声音对胎宝宝的伤害，胎教音乐中2000赫兹以上的高频声音应低到听不到的程度，这样对胎宝宝才比较安全。经一项随机抽查表明，在国内市场上出售的胎教音乐，11种胎教音乐中竟有9种不合格，有的音频最高达到5000赫兹以上，这对胎宝宝的健康是有害无益的，会损伤胎宝宝的大脑和听觉的发音。

所以，准爸妈们在选购胎教音像制品时应慎重，最好到大型正规的音像制品店选购，或者请专业人员帮助选购。

临睡前，和胎宝宝一起听《摇篮曲》

摇篮曲有安神、催眠等作用，而且还会激发胎宝宝的无穷想象力，既能促进胎宝宝健康发育，又可抚慰胎宝宝的焦躁情绪，为胎宝宝早期音乐启蒙打下良好基础。

勃拉姆斯的《摇篮曲》是通过强弱拍节奏的起伏，来塑造摇篮摆动的形象的。这也是一首民歌风格的歌曲，曲调温柔美丽，表现了准妈妈对宝宝的亲切祝愿："晚上好，夜里好，玫瑰花、丁香花都已闭上眼，你也快睡觉。到明天，大清早，又是会说会跳。晚上好，夜里好，天使在守卫你，睡吧，圣婴树会在梦里出现。睡得香，睡得甜，你会梦见乐园。"

临睡前，准妈妈不妨和胎宝宝一起听听吧！胎宝宝会听懂你的祝愿。

胎教音乐切忌选择不当

有关学者指出，古典音乐能提供胎宝宝良性的听觉刺激，对胎教有积极作用。甚至有学者指出，古典音乐，特别是巴洛克时期的音乐，会促进胎宝宝的大脑形成α波，使精神较易安定。研究显示，胎宝宝自怀孕4～5个月开始即初具听觉能力，此后，如对胎宝宝定期实施声音的刺激，如古典音乐和准妈妈的轻声细语等，可以促进胎宝宝感觉神经和大脑皮层感觉中枢的发育；反复用相同的声音刺激，可在胎宝宝大脑中形成初浅记忆，使胎宝宝出生后听觉较为灵敏，从而为其智能开发奠定了基础。

但是，正确的音乐胎教应选择在孕3月后进行，而且要选择在空间较大的环境中，不要离胎宝宝过近。一方面能让胎宝宝感受到音乐节奏，同时准妈妈也能从中舒缓情绪。

在音乐选择上，应挑选节奏柔和、舒缓的轻音乐，像一些节奏起伏比较大的交响乐，尤其是摇滚乐、迪斯科舞曲等刺激性较强的音乐，都不适合准妈妈和胎宝宝听。胎教音乐选择不当，会损伤胎宝宝的听力。因此，准妈妈在胎教音乐的选择上要谨慎。

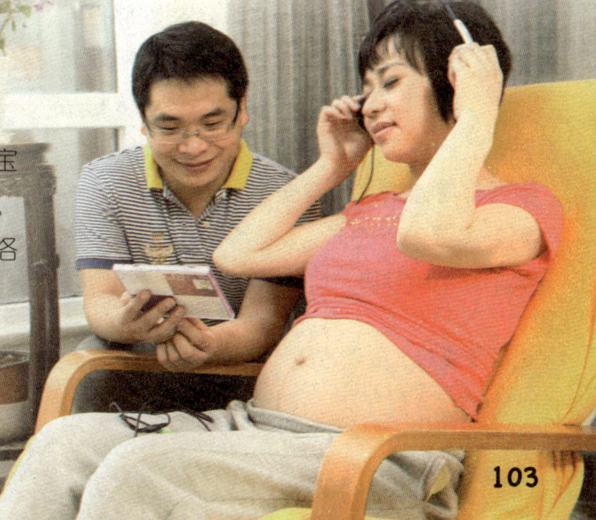

✻准妈妈要为胎宝宝选择适合的音乐，才能促进胎宝宝的发育。

孕期第20周

语言胎教这样做

语言胎教这样做才有效

♥**语言讲解要视觉化。**准妈妈不要照本宣科地给胎宝宝念画册上的文字，而要把每一页的画面详细地描述给胎宝宝听。例如画册上画着鸟儿，准妈妈可以对胎宝宝说："这种鸟儿叫啄木鸟，你看，它的嘴巴多么尖锐，最奇妙的是，它还会给树木看病呢，它能吃掉树里面的虫子。"

♥**要将形象与声音同时传递给胎宝宝。**准妈妈先在头脑中把所讲的内容形象化，像看到影视的画面一样，然后用动听的声音将头脑中的画面讲给胎宝宝听。这样的话，就是"画的语言"。

♥**说话的语调要轻柔，充满感情。**准妈妈要注意说话的音调、语气和用词，以便给胎宝宝良好的语言刺激。

♥**"对话"时，环境一定要保持安静。**和胎宝宝说话时，周围不要出现宠物或是太多人，以免产生突发性的噪音刺激胎宝宝，使胎宝宝受到惊吓。

♥**要带着感情与胎宝宝交流。**而且，准妈妈要始终保持安详、稳定的情绪，把精力集中在胎宝宝身上。

给胎宝宝讲童话故事

胎教是将良性信息刺激传达给胎宝宝，读童话书是刺激胎宝宝神经发育的方法之一。准妈妈读出的每一个童话都将会给胎宝宝带来好的影响。

读童话的时间以每天30分钟左右为宜，要选择安静的环境，准妈妈要确保内心处于平静状态。如果坚持每天在固定的时间阅读童话，会使即将出生的胎宝宝养成有规律的生活习惯。孕期最好选择绘图较多，能够激发准妈妈想象力的童话书。在内容上，适宜选择充满爱、幸福、勇气和智慧的美丽故事。准妈妈应该通过给胎宝宝讲童话故事向胎宝宝传递"这个世界值得去体验"的信息。准妈妈不要存在"胎宝宝小，听不到我的声音"的想法，要全身心地投入，就当宝宝正在你面前。

✱经常给胎宝宝讲美丽的童话故事，会让胎宝宝感受到美好，并促进其智力发育。

讲故事时，准妈妈应采取一个自己感到舒服的姿势，情绪要饱满，精力要集中，声音要平和，吐字要清晰，应以极大的兴趣绘声绘色地讲述故事的内容。孕妇除给胎儿讲故事外。还可给胎儿朗读一些儿歌、散文、诗歌，以及顺口溜等。内容也不宜过长，要活泼有趣。

语言胎教除了由准爸妈给胎宝宝讲故事外，还可放儿童故事磁带给胎宝宝听。故事磁带尽量选取语言生动、情节有趣、配音丰富的内容，这样才能更加全面地刺激胎宝宝的听力和大脑。此外，准妈妈在给胎宝宝播放磁带时要切忌将音响放置在距肚皮过近的位置，有研究资料表明，劣质的磁带、嘈杂的音响会损坏胎宝宝的听觉。同时准妈妈也要用心聆听并进入到故事情节中，通过外在声音和内在情绪的共同作用来刺激胎宝宝。

要顾及胎宝宝的反应

进行语言胎教时，准妈妈及准爸爸必须随时观察胎宝宝的特殊反应，如果在讲述某件趣闻时，胎宝宝做出柔和的胎动，说明胎宝宝对所谈话题比较感兴趣，准妈妈或准爸爸可以继续讲下去，也可适当地延长胎教时间。如果胎宝宝对所谈话题不感兴趣，同时产生了剧烈的胎动，准妈妈或准爸爸必须立即停止。所以，准妈妈和准爸爸需每天选择不同的故事讲给胎宝宝听，这样就能够了解胎宝宝到底对哪类故事感兴趣，是喜欢爸爸的声音还是喜欢妈妈的声音。

和胎宝宝的对话训练

准爸妈对胎宝宝讲话，和我们平时面对面的对话不同，一是准爸妈看不见胎宝宝，但准爸妈要像看得见那样，用亲切的眼光注视着腹中的胎宝宝；二是胎宝宝不会讲话，但准爸妈不能这么认为，要觉得胎宝宝可以和自己交流。最重要的是，要把胎宝宝当成一个宝宝看待，你叫他名字，他会叫你妈妈或爸爸。他是一个有血有肉、有思想、有感情、机灵可爱的“小淘气”。只有这样，你才能够像对待婴幼儿那样，谈话时自然、亲昵，充满温情和爱怜，语言胎教的作用才更显著。

可以实施简单的英语胎教了

有事实证明：在胎宝宝期接受了英语启蒙教育的宝宝，在学校学习英语相对更简单。他们的发音甚至比那些父母精通两种语言的宝宝们还要好。

可见，在胎儿时期对胎宝宝进行适当的英语胎教，对他日后出生后学习英语大有裨益。那么如何进行英语“胎教”呢?

从现在开始，就为胎宝宝打造一个英语环境，让胎宝宝以后的英语也像汉语一样棒吧！准妈妈平时可以多听些原版的英文歌曲、英文朗读，让周围萦绕着英语的氛围。建议准妈妈每天坚持听20分钟。最好选择每天进行2～3次，但一次最好不要超过45分钟。如果超过这个时间，就会使腹内的胎宝宝产生厌烦情绪，达不到胎教目的。

专题 孕期要进行的特殊检查

一般妇婴保健机构建议准妈妈孕期要进行10次以上检查，至少要进行4次，即在怀孕有明显征兆时至2个月、孕6月、孕8月的上半月和孕9月的上半月各进行一次。这4次检查一般认为是孕妇必须做的，当然，还要根据孕期准妈妈的实际情况随时检查。

第1次检查的意义在于：

♥确定是否怀孕。

♥确定怀孕的正常性（无宫外孕、无痛、无出血、子宫发育正常）。

♥预测怀孕情况，采取相应措施。如高危妊娠（准妈妈小于18岁或大于35岁以及孕前有不利于生育的疾病的女性）的特殊监护等。同时，准妈妈会得到医生关于生活方面的指导。

第2次和第3次检查的内容和意义在于监测胎宝宝的发育情况。检查的内容包括：

♥测量子宫颈长度是否正常，关闭是否良好。

♥子宫发育是否正常，子宫体积大小是否符合怀孕月份，从而判断胎宝宝发育正常与否。

♥血压。

♥体重。

♥尿液检查，查尿中是否有糖和蛋白。

♥超声检查胎儿。

♥测胎儿心电图。

第4次检查比任何时候都重要，检查的目的是预测分娩的方式，估计胎宝宝的大小，检查胎位和准妈妈骨盆特征，如有异常及时采取相应的措施，如异常胎位的纠正等。

在最后一次检查时（孕晚期）应注意以下两个方面：

♥检查体重、尿液、血压。因为妊高征主要发生在最后3个月。

♥注意子宫高度和子宫颈的情况，防止早产。

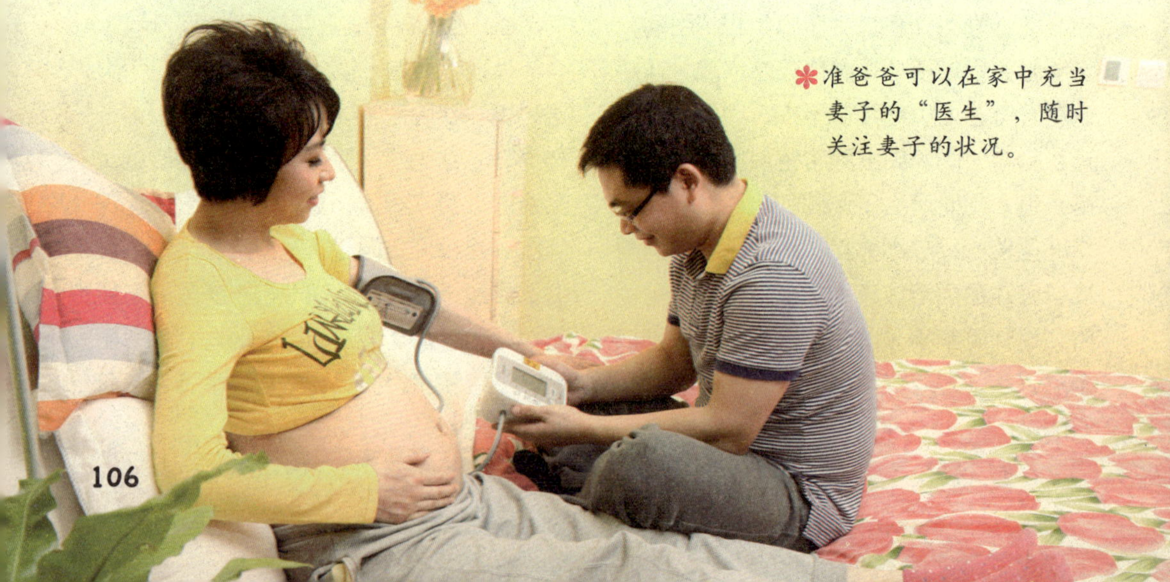

✱准爸爸可以在家中充当妻子的“医生”，随时关注妻子的状况。

本月胎教月记

年　月　日　星期　　孕　月　周

❶ 自我感觉（记下自己的异常感觉及饮食、二便、睡眠情况）

❷ 自我检查

体重（千克）：	腹围（厘米）：
血压（毫米汞柱）：	子宫底高度（厘米）：
胎动（次/分）：	脉搏（次/分）：
下肢浮肿：无□ 轻□ 中□ 重□	其他：

❸ 产前检查

❹ 医嘱和用药情况

❺ 精神状况和其他事情

❻ 胎教记录

大脑皮质发育完全

——怀孕21～24周的胎教方案

这时候，准爸爸喜欢来凑热闹了，他小心翼翼地去触摸准妈妈腹中那小小的身体，胎宝宝一动，准爸爸就开心地笑……此时，胎宝宝的大脑皮层发育得已经足够完全，准爸妈应该讲更多有趣的故事给胎宝宝听。

本月胎宝宝的发育情况

孕6月，胎宝宝身长已至34厘米左右，体重也达到660克上下，身体看上去已有匀称感了，全身的骨架已完成，毛发逐渐增多，开始长出眉毛、睫毛、脂肪。但皮下脂肪还很少，故还较瘦弱。

由于皮下脂肪的缘故，皮肤呈黄色，从这时起，胎宝宝皮肤的表面开始附着胎脂。羊水量达300毫升以上，羊水腔亦增厚。肺部增加毛细血管，骨骼开始造血。出现脾脏与淋巴腺组织，并开始发挥肾脏功能，可以排尿。大脑皮质的脑细胞达150亿，孕8周即开始制造脑细胞，至孕20周左右已大致完成。中枢神经开始发出复杂的命令，能接受来自神经末梢的信息。大脑的记忆系统越来越发达，不仅能记住准妈妈的声音，而且还可以模糊地感受到准妈妈的气息并开始记在脑中。

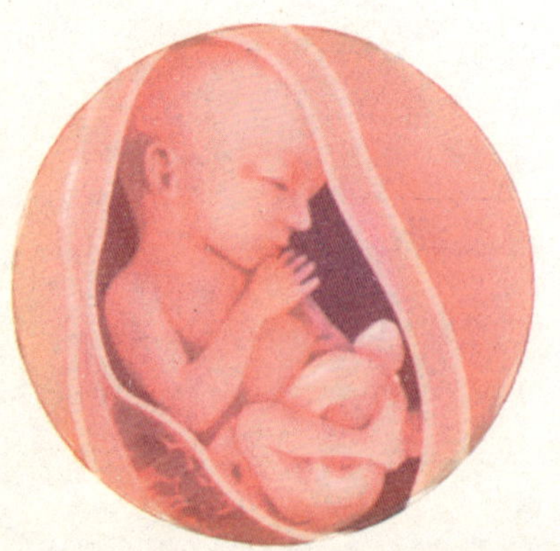

胎宝宝的活动更加活跃，手、脚、唇、舌都可自由活动，常用脚踢、摆动臀部等动作，在羊水中移动胎位；胎宝宝甚至会咳嗽及打嗝，他打嗝时准妈妈会感到像在做敲打动作。

本月准妈妈的变化

孕6月，准妈妈的子宫又长大了许多，从高度上看，在孕6个半月左右，宫底应该是已长到了脐部上一横指，用尺测量耻骨联合上子宫长度平均为24（22.0～25.1）厘米。准妈妈的子宫明显增大，子宫底约在耻骨联合上方18～20厘米处，羊水量在350～500毫升。已经可以清楚地经腹壁触到子宫内的胎体，区别出胎头、胎背、胎臀及胎宝宝肢体。这时准妈妈的小腹隆起已经相当明显，支撑子宫的韧带被拉长，偶尔会产生痛感。

由于子宫的压迫，准妈妈会出现呼吸困难、消化不良等症状。同时，体重也随之明显增加，平均每周增加350克，整个孕期，体重约共增12.5千克。准妈妈乳房的变化也很明显，变得越来越大，需要用大一点的乳罩支撑，稍用力挤压时，就会有黄色的稀薄乳汁流出。准妈妈乳房的周围有时会出现一些褐色的小斑点，形成乳晕。

此时，几乎所有的准妈妈都可以清晰地感觉到胎动的现象，其胎动频率很有规律。

本月需要注意的事项

在本月，准妈妈的身体已经能够充分适应怀孕状态，心情一般都很愉快，饮食上应均衡摄取各类营养成分，以维持准妈妈与胎宝宝的健康。尤其是铁、蛋白质、钙的供应量应该增加。准妈妈宜多吃动物肝脏、菠菜、蔬菜、胡萝卜等，但盐分必须特别控制。

这段时期准妈妈容易便秘，应该常吃含膳食纤维的水果、蔬菜，牛奶是极有利排便的一种饮料，应多饮用。但要注意，水果虽然对准妈妈有益，而且可使胎宝宝皮肤好。但也要提醒准妈妈，吃水果要有节制，因为水果除富含维生素外，还含有大量的水和糖类，一个150～200克大小的苹果，就能产生100～120千卡的热量，相当于60～80克的米饭。

由于孕期准妈妈阴道分泌物增多，容易引发各种阴道炎症，影响工作和睡眠，甚至会影响到胎宝宝的健康和安全，因此准妈妈要养成良好的生活习惯，勤洗阴部，勤换内衣裤，最好将换洗衣裤及洗浴毛巾煮沸消毒，防止感染。如发现自己已患有炎症，一定要及时治疗，遵从医嘱，争取早日康复。此阶段，准妈妈行动要十分谨慎，避免做弯腰动作，不要过度疲劳，保证充足的睡眠和休息，避免长途旅行和过多的性生活。

怀孕6个月时，孕中期的阶段就要结束，马上会进入孕晚期的阶段，孕妇有可能在接下来的月份里早产。因此，之前对分娩过程知之甚少的初产妇现在去参加一些基本的分娩培训是迫在眉睫的事情了。

本月胎教要点

在这个月，胎宝宝状态较为安定，适度的运动对胎宝宝非常重要，准妈妈可进行简单的运动，既可避免肥胖，也可使未来的生产过程更为顺利；因此，除了继续做音乐胎教外，适量的运动应该成为这个月的重要胎教内容。

抚摸胎教可促进情感交流

孕6月，胎宝宝踢脚、翻跟头、扭转身体的动作要明显频繁，这个时候，是准妈妈实施抚摸胎教的最佳时机。准妈妈可以在一个安静的场所，采取一种最舒服的姿势，每天花10分钟，不听音乐，不说话，集中精力用手抚摸腹部，和胎宝宝进行独特的情感交流。从上而下，从左到右，反复轻轻抚摸。然后再用一个手指反复轻压胎宝宝，在抚摸的时候应该注意胎宝宝的反应，如果胎宝宝对抚摸刺激不高兴，就会出现躁动或用力蹬踢，这个时候就应该停止抚摸。如果受到抚摸以后，胎宝宝出现平和的蠕动，则表示胎宝宝感到很舒服，很满意，可继续进行。

做一些胎宝宝喜欢的事情吧

♥**胎宝宝也喜欢公园和郊游**。在美丽开阔的公园里面，准妈妈的心情也会豁然开朗。不过要注意的是，在寒冷的时候，准妈妈不宜长时间外出。如果是短时间，可以围上围巾。胎宝宝的心情优闲，有利于促进脑细胞的发育。准妈妈和准爸爸也可以一起到郊外踏青。沐浴于新鲜空气中，在野外的草地上野餐也是一个不错的主意。

♥**胎宝宝喜欢准妈妈的满腹感**。许多准妈妈在怀孕期间，会因隆起的腹部压迫胃而缺乏食欲。准妈妈想吃却又吃不下，经常饿肚子，这样会导致腹中的胎宝宝产生空腹感，而这时手脚已经成形的胎宝宝正在准妈妈的腹中不断成长，需要足够的营养物质作为支撑，如果准妈妈的营养物质跟不上胎宝宝的生长速度，胎宝宝的发育就会受到影响。

♥**准妈妈要有规律地进食，做到少食多餐**。准妈妈应尽量选择新鲜的食物，各种食物的搭配也应该丰富一点，保持规律饮食。

✻胎宝宝也喜欢旅游，准妈妈可利用这段时间去旅游。

准爸爸胎教课堂

从这个月开始，胎宝宝的大脑继续迅速发育，胎教对胎宝宝的健康成长就更为重要。准爸爸在胎教中扮演着重要的角色，这时的准爸爸应该和准妈妈共同寻找正确的胎教方法，与准妈妈一起进行胎教。

给胎宝宝讲故事

准爸爸可以跟准妈妈一起参与到胎教中，每天两人各念一次小故事给胎宝宝听，借讲故事的机会与胎宝宝沟通、互动。愉快优美的童话故事，不仅可以让胎宝宝感到安全、舒适，同时也使胎宝宝感受到准爸妈的浓浓爱意，从而优化自己的性格，待出生乃至长大后，会更有爱心及同情心。

陪准妈妈一起去产检

准妈妈的肚子越来越大了，准爸爸要尽量多分担一些家务活，不要让准妈妈太劳累。另外，准爸爸要认识到产前检查的重要性，提醒准妈妈按时做产检，最好能陪同她一起去。此外，通过产前检查，准爸爸可以听到胎宝宝的心跳，还能看到胎宝宝的影像，并了解准妈妈的身体状况，这无形中也会强化准爸爸的责任感。

做好后勤工作

准妈妈在孕期需要大量营养。营养不足，胎宝宝不但先天体质差，而且胚胎细胞数目以及核酸的含量也比正常值低，从而影响胎宝宝出生后的智力。因此，准爸爸一定要做好后勤工作，以保证母子身体健康。

准爸爸要关心、体贴怀孕的妻子，妥善安排好妻子的饮食，以保证营养物质的摄入。准妈妈腹部隆起，活动不便，操劳过度或激烈运动，会使胎宝宝躁动不安，甚至流产。准爸爸要自觉多分担家务，不要让准妈妈做重活，要让她有充分的睡眠和休息时间。在乘汽车、逛商店时要保护准妈妈，避免其腹部直接受到冲撞和挤压，影响胎宝宝的健康。

要经常和胎宝宝交谈

准爸爸和妻子腹中的胎宝宝说话，是一项十分必要的胎教内容。建议准爸爸每天晚上睡觉前，把手放在妻子的腹部，跟胎宝宝说几句话。这不仅对胎宝宝是一种良性刺激，也可以安抚准妈妈日益紧张的情绪。

孕期第21周

职场准妈妈饮食全攻略

合理摄取营养最重要

孕6月，准妈妈的腹部隆起已经很明显了，而且有下坠、松弛之感，食物在胃里不易消化，可以将一日3餐改为4餐或5餐，即实行少食多餐的进餐方式。要尽量多吃一些含铁多的猪、牛、鸡等的肝脏及海藻、绿色蔬菜，这样可以有效地预防贫血。

准妈妈的健康及营养状况对胎宝宝的生长发育极为重要。凡营养不良、严重贫血的准妈妈所分娩的宝宝体重均较正常者轻。故应保证准妈妈摄入足够的营养，积极纠正贫血。对伴有胎盘功能减退、胎宝宝宫内生长迟缓的准妈妈，应给予高蛋白、高能量饮食，并补充足够的维生素和铁、钙元素。

但是，摄取过多营养，又会造成准妈妈过度肥胖，而且随着产期的临近，肥胖会对胎宝宝的发育渐渐产生危害，甚至会导致胎宝宝缺氧，胎宝宝宫内发育迟缓、死胎或新生儿死亡、胎宝宝畸形的发生率增高。所以，准妈妈在孕中期要控制饮食，避免肥胖。另外，过度肥胖的准妈妈患糖尿病或妊娠高血压综合征的几率较大，这两种病均需及早发现与治疗，才能确保胎宝宝的健康，这是准妈妈需要注意的。

如何吃好工作餐

准妈妈在怀孕期间是一个人要保证两个人的营养，更应该讲究食物搭配，平衡膳食营养。准妈妈在吃工作餐时，要注意挑选正确的食物，避免吃到那些对胎宝宝不利的食物。

怀孕的准妈妈可以自己带食品到办公室去，这样不仅可以为经常发生的饥饿做好准备，还能适当补充工作餐中缺乏的各种营养。

♥**准备能充饥的“饱腹食物”**。如全麦饼干、面包和点心等。

♥**准备新鲜水果**。在办公室内经常储备一些新鲜水果，如苹果、香蕉等，可以增加肠道蠕动，促进营养吸收。

♥**准备袋装牛奶**。吃工作餐的职场准妈妈需要额外补充一些含钙食物。宜准备一些袋装牛奶，可随时饮用。

预防贫血，吃对食物也是胎教

这个时期，是准妈妈最容易发生贫血的时候，为了预防贫血，给胎宝宝提供优质的发育环境，从现在开始，准妈妈要适当增加含蛋白质、维生素、铁和叶酸比较丰富食物的摄入，以保证血红蛋白合成的需要。

♥每周吃1～2次动物肝脏，每天吃1个鸡蛋，可以有效补充有机铁。如果准妈妈感觉有轻微的胃酸反应，可以少吃一些薯类、豆类的食物及糖，以避免产生过多胃酸。

♥食物应多样，以谷类为主；保证摄入足够富含糖类的食物，满足对热量的需求。

♥多吃蔬菜、水果和薯类。每天最好摄入500克蔬菜，最好是深色蔬菜。

♥适当增加奶类、豆类或其制品的摄入量，以保证蛋白质和钙的摄入。

♥孕中期，准妈妈的血容量急剧增加，血红蛋白浓度和红细胞计数下降，血液相对稀释，容易造成孕期生理性贫血。需要适当增加铁和维生素C的摄入，以免贫血的发生，影响母子健康。

♥适当增加鱼、禽、蛋、肉和海产品的摄入量。

*孕中期，准妈妈要继续注重营养摄入，尤其要补充足够的铁和蛋白质，以预防贫血的发生。

工作餐小叮咛

♥**远离油炸食物**。油炸类食物，在制作过程中所用的食用油很多都是已经用过若干次的回锅油。这种反复沸腾过的油中有很多有害物质，会导致癌症和其他病症，准妈妈应该远离。

♥**拒绝辛辣、味重食物**。很多餐馆的快餐为了增加味觉，总是放很多盐或辣椒以刺激用餐者的食欲，对于这样的食物，准妈妈要少吃。太咸的食物容易造成体内钠滞留，引发孕期浮肿；而辛辣食物容易造成便秘，因此两者在孕期均不宜食用。

♥**谨慎挑选饮料**。准妈妈的饮料应挑选矿泉水和纯果汁类的饮料，含咖啡因或酒精的饮料对母婴不利，最好不饮。工作餐很难满足准妈妈和胎宝宝的营养需求，妇科专家建议上班族的准妈妈最好自己能携带袋装牛奶和水果，以补充充足的蛋白质和维生素，但要注意远离不适宜的饮料。

职场准妈妈何时停止工作最合适

按照国家法律的相关规定，育龄女性可以享受不少于90天的产假。这90天的产假实际上有两周是为产前准备的。因此，怀孕满38周的准妈妈，在产前两周就可以在家中休息，一方面调整身体，一方面为临产做一些物质上的准备。

孕期第22周

美育胎教，让胎宝宝全面发展

强化美育胎教

此时，对胎宝宝心智发展的训练应以美育胎教为主，美育胎教强调准妈妈宜多看、多听、多接触一些美好的事物，把感受描述给胎宝宝。

现在，胎宝宝的意识萌动已经建立，美育胎教可重视抽象、立体的事物，以开发胎宝宝的心智。

♥**看，主要是指阅读一些优秀的作品和欣赏优美的图画。**准妈妈要选择立意高、风格雅、个性鲜明的作品阅读，尤其可以多选择一些中外名著，在阅读这些文学作品时一定要边看、边思、边体会，强化自己对美的感受，这样胎宝宝才能从中受益。准妈妈还可以看一些著名的美术作品，在欣赏美术作品时，调动自己的理解力和鉴赏力，把生活中美的体验传递给胎宝宝。

♥**听，主要是指听音乐。**准妈妈在欣赏音乐时，可选择一些主题鲜明、意境饱满的作品，它们能促使人们美好情怀的涌动，也有利于胎宝宝的心智成长。

♥**体会，指贯穿看、听活动中的一切感受和领悟，包括准妈妈在大自然中对自然美的体会。**准妈妈在这个阶段也要适度走动，可到环境优美、空气质量较好的大自然中去欣赏风景，这个欣赏的过程也就是准妈妈对自然美的体会过程。准妈妈在欣的过程中所从而产生的美好情怀，对胎宝宝来说一种不错的胎教。同时，准妈妈经常走入大自然，吸收新鲜空气，也有利于胎宝宝的大脑发育。

准妈妈可多欣赏艺术品

从这个时期开始，准妈妈可尽量多欣赏艺术作品，如参观工艺美术展览、历史文物展览、美术展览等，也可买些画册，在休息时细细品味。西方的人体艺术往往融合了人的内在美和形体美，使人看了之后产生对完美与自由的渴望。准妈妈可以多看这类作品。

艺术品欣赏的要点是去看它们的色彩、线条、造型、节奏，由此体会它们所包含的意境和哲理，准妈妈要做到这一点不容易，但多看看、多体味对胎宝宝就是有好处的。

艺术对人的影响是潜移默化的，有个七八岁的宝宝并不懂上面谈的这些道理，但有一次他的爸爸带他去看了一位知名画家的作品展，后来宝宝的画竟都带上了这位画家雕塑和绘画的味道。

因此，准妈妈应该在胎宝宝还在腹中的时候就进行这项教育。

用剪纸对胎宝宝进行美育胎教

准妈妈闲暇时，不妨准备一些彩纸和一把剪刀，剪出一些美丽的剪纸画，并制作一个剪纸册，和准爸爸一起粘贴在册子上。这样不仅能够达到一定的艺术胎教效果，而且当宝宝长大后，还可以拿给他看，有一定的纪念意义。

准妈妈可以将自己对生活的观察和领悟，通过剪纸来体现，在剪纸的过程中可以表达自己的思想感情、审美心理和对美的追求。

准妈妈还要了解剪纸的规律，将平衡、参差、疏密以及不规则的线条自由组合，构成美妙的动律和节奏，既增添了情趣，又向胎宝宝传递了“美”的信息。

另外，剪纸还能锻炼手的精细动作，更有助于锻炼准妈妈和胎宝宝的大脑。

给胎宝宝一个色彩斑斓的世界

色彩作为一种外界刺激，通过人的视觉带来不同的感受，对人产生某种精神作用。准妈妈精神上感到愉快还是忧郁，常与色彩的视力感觉有直接的关系。

准妈妈可以买回一些彩色笔，绘制一些简单的图形，然后分别涂上不同的颜色。准妈妈通过对这些颜色的感受，可以将相关信息传递给胎宝宝，让胎宝宝的色彩感受增强，更有利于大脑发育。

此外，准妈妈的阴血多聚以养胎，阴血虚，阳气盛，往这容易急躁，所以要有意识地多接触一些偏冷的色彩，如白色、绿色，以稳定其情绪。但孕期不宜多接触红、黑等颜色，以免产生消极心理，影响胎宝宝的成长。

✻ 准妈妈在闲暇时，不妨亲手做一些剪纸画，这样既增添了情趣，同时也是对胎宝宝的美育胎教。

孕期第23周

孕中期准妈妈如何做运动

可做综合运动

这个时期，准妈妈比较适合做的胎教运动是柔软体操。下面这套体操是根据准妈妈的特殊生理条件而编排的，恰当运用，就可收到良好的胎教效果。

♥**伸展运动**：准妈妈要站立，然后缓慢地蹲下，动作不宜过快，蹲的幅度以视力所能及的程度而定。双腿平伸，左腿向左侧方伸直，用左手触摸左腿，尽量能伸得更远一些；然后，右腿向右侧伸直，用右手触摸右腿。

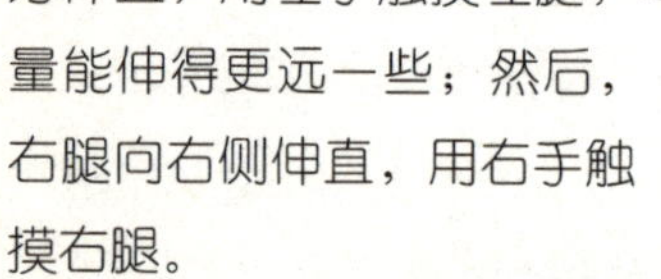

♥**骨盆运动**。准妈妈平卧在床上，屈膝、抬起臀部，尽量抬高一些，然后徐徐下落。反复进行10～20次。

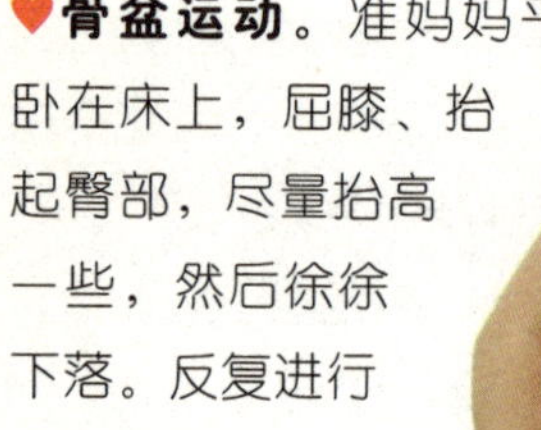

可适当游泳

首先，参加游泳活动能对准妈妈的神经系统产生一定的调节作用。据国外调查显示：准妈妈参加游泳训练会感到心情舒畅，可以帮助准妈妈消除因妊娠负担而带来的忧郁、烦躁情绪，从而为顺利分娩打下良好的精神和心理基础。

其次，游泳可明显减轻准妈妈在妊娠期间的腰酸背痛、下肢静脉曲张、痔疮等症状。这是因为准妈妈在水中借助水的浮力克服子宫逐日增大而导致的种种不适，

✱准妈妈在此时宜做些锻炼大腿肌肉的运动。

加上水对身体的按摩作用，使准妈妈产生一种轻松的感觉。

再者，游泳能为准妈妈日后分娩打下良好的基础。通过适量的游泳训练，能增加腹部、腰背部及四肢肌肉的力量，增加肺活量，这样，当准妈妈生产需较长时间憋气时不会感到困难，有利于顺利分娩。

并非所有准妈妈都能游泳，也不是在整个妊娠期内都可以游泳。准妈妈游泳必须具备一定的条件，如水质较好的室内游泳池，室温在27℃～31℃，有医务人员监督等。游泳时间只能在上午10点至下午2点，每次游泳1小时。游泳姿势仅限于仰泳、蛙泳、漂浮和轻打水动作等。准妈妈参加游泳的最好时期是孕后5～7个月。若准妈妈有流产、早产现象，患有心脏病、肾脏病、肝病、妊娠高血压综合征等疾病或有阴道流血时，则不宜游泳。

可以做骨盆体操了

此时，准妈妈由于腹部向前凸出，脊背始终处于弯曲状态。所以，背部肌肉紧张，出现腰酸背痛。为消除腰部疲劳，可以做骨盆体操。

♥**骨盆倾斜运动。**当准妈妈用双手和双膝支撑住身体或靠在一个平面时，便会使骨盆倾斜。可使骨盆和腰部肌肉松弛、收缩，增强肌肉力量，使产道出口肌肉变软。坐在椅子上时，也可以做一做弯腰的动作。

♥**骨盆振动运动。**准妈妈可仰卧在床，后背紧贴床面，两腿与床成45°，脚心和手心放在床上。腹部向上挺起，腰部呈拱状，默数10下左右，再恢复原来体位，做10次。也可以呈趴卧体位，双膝和双手贴床，将头伏在双臂之中，后背与双臂呈流线型 抬头，上体向前方慢慢移动，腰部、臀部同时前移。每呼吸一次做一次，可做10次。这项运动可以松弛准妈妈的骨盆和腰部关节，还可以使产道出口肌肉更柔软，并增强下腹部肌肉力量。锻炼的时间宜选择在早晨起床后和晚上临睡觉前，同时注意不要受凉。

家务劳动也是一种运动胎教

准妈妈应这样做家务劳动：

♥**做饭时的注意事项。**淘米、洗菜时尽量不用手直接浸入冷水中，尤其是在冬春季节更应注意，因着凉受寒有诱发流产的危险。油烟对准妈妈尤为不利，可危害腹中胎宝宝，因此厨房里最好安装抽油烟机。此外，准妈妈在炒菜、炸食物时，油温不要过高。在烹饪过程中也要注意不要让灶台压迫自己的腹部。

♥**洗衣服时的注意事项。**在搓洗衣服时，不可用搓板顶着腹部，以免胎宝宝受压；最好不要用洗衣粉，宜用肥皂；但是准妈妈要注意，拧衣服时不要用力过猛；冬春季节忌用冷水洗衣；洗衣服时，一次不要洗太多。

♥**打扫卫生时的注意事项。**准妈妈可以做一般的擦、抹家具和扫地等劳动，切记不可登高，也不可做下蹲的动作，擦桌子、拖地不可用力过猛。

孕期第24周

继续给胎宝宝施加良性的刺激

香薰胎教，让胎宝宝嗅觉更灵敏

香薰胎教是指在准妈妈休息或沐浴时，在身边滴上可挥发的精油，准妈妈通过嗅觉放松心情，舒缓神经，同时给胎宝宝一定良性刺激的胎教方式。它也是刺激胎宝宝嗅觉的方法，香薰胎教采用的是从植物中萃取的精油，对准妈妈和胎宝宝一般来说是安全的。

但需要注意的是，准妈妈不可使用对胎宝宝产生消极影响的香精油或花草类，因此，在使用前应当详细咨询医生或相关专业人士，以便对用法和用量有所控制。

让胎宝宝鼻灵舌敏

胎宝宝的鼻子早在孕2月就开始发育，到了7月，鼻孔就能与外界相互沟通。但是，由于胎宝宝被羊水所包围，所以虽然他已经具备了嗅觉，却毫无用武之地，因而嗅觉发展缓慢。但是胎宝宝的嗅觉一出生就能派上用场，宝宝在吃奶时能闻出母体的气味，而且以后只要他一接近母体就能辨别出来。

胎宝宝闻到不好的气味也会皱眉头，因此，准妈妈在怀孕的时候最好不要使用浓郁的香水，或是有浓郁香味的化妆品，以免引起胎宝宝的烦躁情绪。

胎宝宝也会感受到鲜花店及面包房中飘出的香味。准妈妈此时可以对胎宝宝说：“宝宝闻一下，多香啊。”在准妈妈吃美味食品时，其中的美味也会传达给胎宝宝。

由此可见，胎宝宝可以通过情绪和大脑来感受准妈妈所感受到的香气，因此，准妈妈可多去有恰当香气的地方，让宝宝的鼻子更享受。

让胎宝宝享受光明带来的刺激

适当的光照对胎宝宝的视网膜以及视神经发育有益无害。

在孕中期，准妈妈或准爸爸可以拿手电筒作为光照胎教的工具。手电筒应贴紧准妈妈的腹壁，光线透入子宫，羊水会因此由暗变红。而红色正是胎宝宝比较偏爱的颜色，用手电筒进行光照胎教正可谓投其所好。

准妈妈宜每天在固定时间做光照胎教，反复关闭、开手电筒，每次5分钟。但要注意，手电筒亮度适宜，不能太强，光照时间也不能太长。

准妈妈每天早晨和傍晚时散步对胎宝宝视神经的发育也大有裨益。这样会让胎宝宝逐渐熟悉外界昼夜的变化周期，

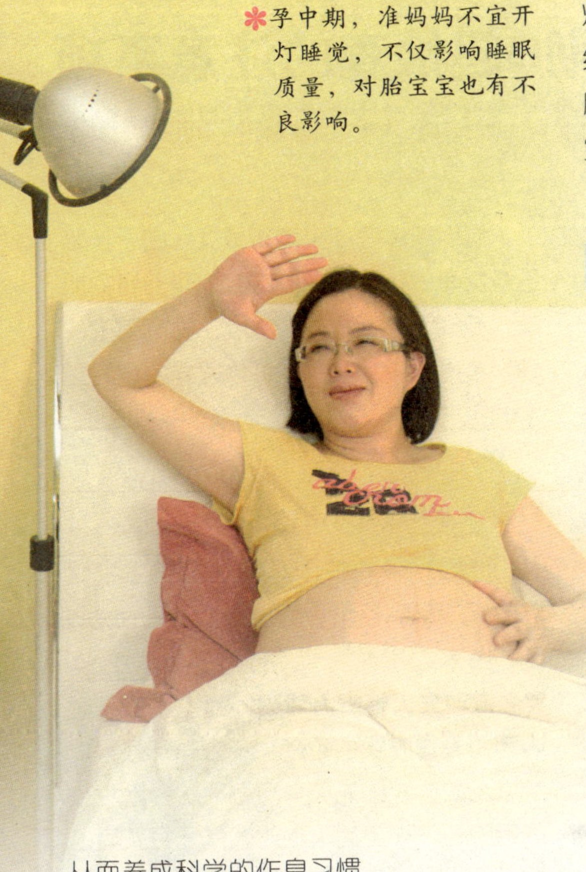

✻孕中期，准妈妈不宜开灯睡觉，不仅影响睡眠质量，对胎宝宝也有不良影响。

从而养成科学的作息习惯。

准妈妈晴朗天气外出散步时，也可让胎宝宝感受到光线强弱的对比。而夏天时还要注意防止紫外线的照射。尤其是穿着薄薄的衣衫时，一定要避免在强光下行走或进行一些不必要的户外运动。

准妈妈还需要注意的是：孕中期切勿开灯睡觉，这会对胎宝宝的视觉神经发育产生危害。因为长时间照射灯光会引起胎宝宝神经系统功能紊乱，导致其情绪焦躁不安。

如果是日光灯，可与睡眠时室内门窗关闭产生的污浊空气反应产生含臭氧的光烟雾，形成室内污染；如果是荧光灯，其发出的光线带有看不见的紫外线，能使人体细胞发生遗传变异，诱发胚胎畸变。另外，开灯睡眠，还会干扰胎宝宝的生物钟。

宜给胎宝宝哼唱歌曲

准妈妈自己唱歌是给胎宝宝最好的音乐胎教。这是因为准妈妈的歌声能使胎宝宝获得感觉与感情的双重满足。

无论是来自录音机或是电唱机的歌声，既没有准妈妈唱歌给胎宝宝机体带来的物理振动，更缺乏饱含母爱的亲情。因此，准妈妈宜自己唱歌给胎宝宝听。

正如美国产前心理学会主席卡来特教授所说："孕期准妈妈经常唱歌，对胎宝宝相当于一种'产前免疫'，可为其提供重要的记忆印象，不仅有助于胎宝宝体格生长，也有益于智力发育。"

准妈妈的某些肌肉（如四肢肌肉等骨骼肌）可以通过体育锻炼来增强，而内脏平滑肌却不能只靠锻炼来改善，唯有声音能到达这些肌肉，唱歌发出声音引起声带振动，而振动可以净化身体，增强心、肝、脾、肺、肾等器官的功能。尤其是对肺功能的锻炼效果明显，声带振动使肺部扩张，胸肌兴奋，肺活量增加，血液氧含量提高，从而为胎宝宝奠定良好的营养基础。

唱歌还可以优化准妈妈的心境，使其保持愉悦情绪，体内神经内分泌系统也会处于正常状态，能够给胎宝宝提供一个优越的发育环境，使胎宝宝更加健康聪慧。

专题 孕期B超检查的注意事项

B超检查的作用

B超是妇产科医生的一只特殊的眼睛，通过B超检查可以了解胎宝宝在子宫内的发育情况。

B超检查的时间安排

准妈妈在整个孕期可做三次常规B超检查，第一次B超检查应安排在孕早期，以便确定早孕诊断，排除葡萄胎、宫外孕等异常妊娠。

第二次B超检查应安排在孕14～18周，因为此时胎动尚未出现，子宫尚小，测量宫高、腹围难以反映子宫增大情况，但可以通过B超检查测出胎宝宝的双顶径，从而了解胎宝宝的大小，同时可确诊是否为多胎妊娠，并可初步检查是否胎宝宝畸形。

第三次B超检查应安排在孕晚期，此时可了解胎宝宝发育成熟情况，包括胎盘位置、羊水性状与羊水量、有无宫内发育迟缓、有无脐带缠绕等。如果通过B超发现异常情况，应由医生决定采取相应的治疗措施。

B超检查不宜超过3次

在怀孕的早、中、晚期各进行一次B超检查是必要的。

但目前还有不少青年男女，由于长辈男尊女卑的传统思想作祟，或是自身的期望，做B超的动机不纯，为了确定宝宝性别，不惜辗转多家医院，为准妈妈做好几次B超。这会对母婴都是非常不利的。

要注意B超查不出来的畸形

准妈妈最大的心愿就是希望宝宝健健康康地来到这个世界上，但是即使是B超，也不能百分百确定宝宝是不是健全。

♥**全盲和先天性听力障碍。**胎宝宝在子宫内因为没有光线的刺激，不会睁开眼睛，所以无法诊断出先天全盲等症状；胎宝宝的听力在5～6个月大的时候就已经发育，但目前没有任何的方式可以得知胎宝宝是否有先天性听力障碍。

♥**大脑畸形。**包括水脑、无脑、动静脉畸形等状况，都是到了怀孕晚期才逐渐产生。

♥**先天性心脏病。**心脏的心房中隔（即卵圆孔），以及动静脉导管，都是在出生后才逐渐关闭，虽然在出生后便可轻易诊断出的心脏病，却无法在出生前就得知。

♥**指、趾端异常。**因为胎宝宝常处于握拳状态，几乎无法由超声波确切诊断。

♥**侏儒症。**胎宝宝在6～7个月大的时候，就会逐渐停止骨头的生长发育，所以无法检测是否有侏儒症。

本月胎教月记

年 月 日 星期 孕 月 周

❶ 自我感觉（记下自己的异常感觉及饮食、二便、睡眠情况）

❷ 自我检查

体重（千克）：	腹围（厘米）：
血压（毫米汞柱）：	子宫底高度（厘米）：
胎动（次/分）：	脉搏（次/分）：
下肢浮肿：无□ 轻□ 中□ 重□	其他：

❸ 产前检查

❹ 医嘱和用药情况

❺ 精神状况和其他事情

❻ 胎教记录

自由神经活动越发活跃

——怀孕25～28周的胎教方案

胎宝宝的自由活动神经越来越活跃，他的敏捷程度会超出你的想象，他可以在准妈妈腹中做各种动作，还第一次睁开了眼睛，准妈妈可以轻易感受到胎宝宝的胎动，尽管如此，准妈妈做胎教时也应该把握好分寸。

本月胎宝宝的发育情况

经过6个月的发育，胎宝宝体重大约1000克，身长约35厘米。胎宝宝的脸部轮廓已能分清，很多胎宝宝已长出了头发，全身被毳毛覆盖着。眼睑的分界清楚地出现，眼睛已能完全睁开，开始具有视力。感觉味道的味蕾，在怀孕3个月时逐渐形成，此时已基本完成。外生殖器也逐渐清晰。吸吮的力量还不充分，气管和肺部还不发达。若此时发生早产，加强护理，存活率70%左右。

胎宝宝大脑的皱褶越来越多，不愉快的时候会吸吮指头，原始的感情开始萌芽。大脑中负责听声音的侧头叶逐渐发达，能感觉到声音的节奏。不仅能分辨外来的声音，并能表现好恶。

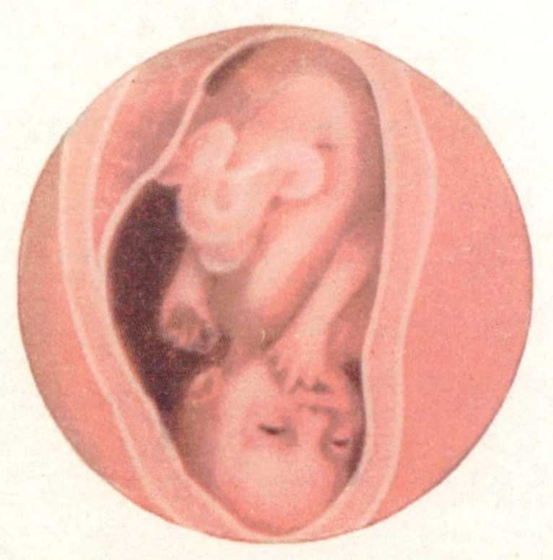

这时的胎宝宝已能感觉到疼痛，在反应方面已经与足月胎宝宝大致一样，其活动依然很活跃。

本月准妈妈的变化

随着胎宝宝的迅速增长，准妈妈的肚子明显凸出，腹部向前凸出呈弓形，并且常会有腰酸背痛的感觉。子宫更大，子宫的肌肉对各种刺激开始敏感。

由于准妈妈的肚子越来越大，身体重心开始移到腹部下方。而且准妈妈的身体更加臃肿，腿脚更加不灵便，因而走路时更加不平稳。准妈妈这时最容易出现相对性贫血。

此时，准妈妈的饭量往往会增加许多，但因受增大的子宫挤压，胃肠蠕动减弱，胃酸分泌减少，经常出现饱胀感、“烧心”和便秘是常见现象。此时，准妈妈肝的工作量增加，但肝功能一般无明显受损。

本月需要注意的事项

由于这一时期准妈妈的常发病症为贫血和水肿，所以在饮食上要注意摄取均衡的营养，尤其是铁质含量丰富的食物要多吃，如动物肝脏、鸡蛋、动物血、黑木耳等。准妈妈的肚子越大，越难以入睡。肚子里的胎宝宝也会因改变姿势或增加活动量而影响准妈妈的睡眠。准妈妈在睡觉前可洗个温水澡，做一会儿缓和的松弛运动，睡前看一会轻松的书籍或加一个枕头等，都有利于更好地进入睡眠。在睡眠时，准妈妈最好采用左侧卧位的姿势。

这段时间，准妈妈如果受到外界过度的刺激，会有早产的危险，因此应该避免强烈运动，不宜有压迫腹部的姿势，性生活也要尽量节制，以免影响胎宝宝。同时为了减轻水肿症状，准妈妈不宜长时间站立、蹲坐，需经常把脚抬高休息。

孕晚期为什么强调左侧卧位

准妈妈睡眠的姿势与母子健康关系十分密切。一般强调孕7月以后，准妈妈要采取左侧卧位。

因为到了孕晚期，准妈妈腹腔的大部分被子宫占据，如果仰卧睡觉，增大的子宫就会向后压在腹主动脉上，使子宫的供血量明显减少，影响胎宝宝生长发育；同时，仰卧时，子宫还可以压迫下腔静脉，使下肢静脉血液回流受阻，造成准妈妈下肢及外阴部水肿、静脉曲张；由于浑身血量供应减少，仰卧还可引起胸闷、头晕、恶心、呕吐等症，医学上称之为“仰卧位低血压综合征”。

怀孕后，准妈妈子宫往往有不同程度地向右旋转，如果经常取右侧位卧，可使子宫进一步向右旋转，从而使营养子宫的血管受到牵拉，影响胎宝宝的血液供应，造成胎宝宝缺氧，不利于胎宝宝生长发育，严重时可引起胎宝宝窒息，甚至死亡。

本月胎教要点

孕7月，胎宝宝声音的神经系统已经接近完成。这时胎宝宝越来越大，几乎要碰到子宫壁。由于准妈妈腹壁变薄，所以胎宝宝可以听到外界的各种声音。因此，准妈妈除了继续进行音乐胎教外，宜多给胎宝宝说话或者讲故事。胎宝宝经常听到准妈妈的声音，出生后，再次听到准妈妈所说的话会有安全感。

胎宝宝的情商重于智商

准爸妈对胎宝宝进行胎教，和胎宝宝出生后要接受的教育一样，都不能仅仅是为了灌输知识，而要培养宝宝的健康心态为首要目的，情商比智商更重要。

对于大多数年轻的准爸妈来说，平时工作忙，进行胎教的时间比较少，那就不必刻意花时间进行专门的胎教，只要在平时的生活中保持平和愉悦的心态就好。夫妻双方要配合，给肚子里的胎宝宝创造一个良好的氛围，让胎宝宝生活在充满爱与美好的世界里，只有这样，胎宝宝出生后，才会成为一个情商高的人，这对宝宝今后的发展是很重要的。

✻生活在充满爱的世界里，有助于提高胎宝宝的情商。

从胎教开始，培养高品行胎宝宝

首先，准妈妈要近美好避邪恶。胎宝宝生长发育需要的营养和氧气，是通过准妈妈的血液通向胎盘供的，准妈妈情绪变化会影响激素分泌和血液的化学成分。积极的情绪会增加血液中有利于胎宝宝健康发育的化学物质，而消极的情绪则会增加血液中有害于胎宝宝神经系统和其他组织的物质，进而危害到胎宝宝的健康。其次，宁静是准妈妈最好的胎教。这要求准妈妈遇事冷静，使心静于内，虑谧于中，做到“无悲哀思虑惊动”，不为七情所伤，摒弃孤独、忧伤和烦恼，始终保持稳定、乐观的积极情绪。只有这样准妈妈才会气血和顺，胎元调固，有利于胎宝宝的生长发育。

此外，准妈妈可适当地参加文体活动，培养多方面的兴趣和爱好，丰富自己的生活，通过琴棋书画、诵读诗歌及旅游等多种途径陶冶自己的性情，为胎宝宝营造安宁的宫内环境。

准爸爸胎教课堂

作为丈夫，这时要主动承担更多的准备工作，让妻子从繁琐的事务中脱身出来，安心养胎，备产。准爸爸还要做好胎宝宝发育和变化的监测工作，如有异常情况，需及时处理。

从细节关心妻子

此时的准妈妈已开始步入围产期。作为准爸爸，首先要定期陪着妻子去医院做产前检查。在一切都正常的情况下，逐步开始为妻子将来的分娩做准备。现在正处于怀孕的稳定期，准妈妈的活动还较方便。准爸爸可以多陪妻子出外散步，或一起去购物中心为宝宝采购必需品。切记，不可在人流高峰期带准妈妈挤乘公交车，也不可带准妈妈去人多拥挤的地方买东西。孕期已过一大半了，千万不能因一时疏忽而造成无法弥补的伤害。

这一时期，腹中的胎宝宝也较安静，作为准爸爸，可适当增加与胎宝宝的互动和交流。要努力营造一个最佳的胎教环境，和准妈妈一起做好每一种胎教。

多对准妈妈说点“甜言蜜语”

准妈妈保持良好的情绪，有助于胎宝宝的健康生长发育以及顺利分娩。有时候，准妈妈的情绪变化让准爸爸难以接受。因为饱受孕期不适的煎熬，准妈妈们可能脾气和心情都不太好。但准爸爸应尽量理解、包容妻子，多对妻子加以开导、安慰，随时递上几句贴心话，如“你受苦了，亲爱的”或“怀孕使你变得更可爱了”等。应该随时想到，自己是解决妻子不良情绪的一剂良方。

✻进入孕中期，准妈妈的身体负担日益加重，准爸爸应多从生活细节上照顾妻子。

孕期第25周

准妈妈爱学习，胎宝宝更聪明

用变化的音调给胎宝宝讲故事

给胎宝宝讲故事是一项不可缺少的胎教内容。讲故事时，准妈妈应把腹内的胎宝宝当成一个大宝宝，娓娓动听地述说。亲切的语言合丰富的感情将传递给胎宝宝，使胎宝宝不断接受客观环境的影响，在不断变化的文化氛围中发育成长。

讲故事的时候既要避免高声大嗓门的喊叫，又要防止平淡乏味的念读，要尽量带有感情地、有节奏、轻轻地阅读，根据故事情节的变化，变化多种的音调。

准爸妈应坚持每天读，每次20分钟左右，一天累积1个小时。

准爸妈选择好的童话故事读给胎宝宝听。除了童话故事之外，也可以选择一些优美的小说或散文读给胎宝宝听，读的时候仍然应该饱含感情。

✱读书给胎宝宝听，是孕中期很有益的胎教形式。

阅读胎教让胎宝宝更聪明

孕7月直至生产前，是施行阅读胎教的最佳时机。此时，胎宝宝脑外层的脑皮质很发达，开始具有思考、感受、记忆事物的可能性。

准妈妈实施阅读胎教的时间：清晨9:00～10:00，吃完早餐，家人都已上班，在阳台上搬一把扶手椅，安然坐下，沐浴在和暖的阳光下，翻几页书，轻轻诵读给肚子里的宝宝听；午后15:00～17:00，午睡醒来，翻开一本心爱的诗集，和胎宝宝一起细品优美的诗句；此外，在用电饭煲煮晚饭的同时看几页育儿书籍；睡前19:00～21:00，脱下臃肿的外套，躺进暖融融的被窝，在爱人的怀抱里，对胎宝宝讲述带图画的美丽故事，这不仅是胎教，也可以作为胎宝宝出生后亲子阅读的演练。

准妈妈应该选择恰当的胎教类书籍，下面提供几种做参考。有声读物类：有优美背景音乐的有声读物，在阅读胎教的同时又起到了音乐胎教的作用；女性文学类：孕期，由于激素分泌、生活规律等各种因素的改变，女性也处于一个特别敏感、情绪极易波动的时期，这时候读一些女性作家的作品，可以从前人那里吸取许多生活的真知灼见，更好度过自己的心理不安的阶段。

此外，准妈妈还可以阅读亲情绘本类、育儿书籍等。但是准妈妈不适宜读激动人心的惊险故事，不宜边阅读边吃零食，不宜边阅读边不断走动。

给胎宝宝朗诵一些美丽的散文

今天，准妈妈可以充当一下朗诵演员，给胎宝宝朗读一段自己喜欢的优美散义。在音乐的伴奏下，有节奏和韵律朗读更好。

如果准妈妈还不知选择哪段来给胎宝宝诵读，这里介绍一篇——朱自清的《荷塘月色》。

曲曲折折的荷塘上面，弥望的是田田的叶子。叶子出水很高，像亭亭的舞女的裙。层层的叶子中间，零星地点缀着些白花，有袅娜地开着的，有羞涩地打着朵儿的；正如一粒粒的明珠，又如碧天里的星星，又如刚出浴的美人。微风过处，送来缕缕清香，仿佛远处高楼上渺茫的歌声似的。这时候叶子与花也有一丝的颤动，像闪电一般，霎时传过荷塘的那边去了。叶子本是肩并肩密密地挨着，这便宛然有了一道凝碧的波痕。叶子底下是脉脉的流水，遮住了，不能见一些颜色；而叶子却更见风致了。

月光如流水一般，静静地泻在这一片叶子和花上。薄薄的青雾浮起在荷塘里。叶子和花仿佛在牛乳中洗过一样；又像笼着轻纱的梦。虽然是满月，天上却有一层淡淡的云，所以不能朗照；但我以为这恰是到了好处——酣眠固不可少，小睡也别有风味的。月光是隔了树照过来的，高处丛生的灌木，落下参差的斑驳的黑影，峭楞楞如鬼一般；弯弯的杨柳的稀疏的倩影，却又像是画在荷叶上。塘中的月色并不均匀；但光与影有着和谐的旋律，如梵婀玲上奏着的名曲。

适当对胎宝宝进行英语教育

国外曾报道说："只需一个袖珍耳筒式录音机，一盘磁带和英文唱的摇篮曲，就可以使胎儿将来成为精通两种语言的天才。"

由此可见，英语胎教并不难操作。准妈妈可以和肚子里的胎宝宝一起"学"英语。平时可以看些卡通英语视频，这样方便准妈妈理解，学得既正宗又有趣。还可以播放一些儿童英文歌曲给肚中的胎宝宝听。

建议准妈妈给胎宝宝听舒缓的、广为流传的英文歌或摇篮曲，以儿童英文歌为主，还可以听原版的英文文章朗诵。

此外，准妈妈周围营造出练习英语的环境也很重要。可讲一些简单的英语，将自己看见、听见的事情，以简单的英语对胎宝宝描述出来。

孕期第26周

胎宝宝性格父母做主

塑造胎宝宝的良好性格

怀孕期间，妈妈的心情好坏与否，是决定宝宝性格好不好的一个至关重要的因素。

有关研究表明，准妈妈的精神状态、情感、行为、意识可以引起体内激素分泌异常，进而影响到胎宝宝的性格。

随着宝宝的一天天长大，胎宝宝和准妈妈的心灵感应也会日渐明显，如果准妈妈的心情好，胎宝宝自然也会安静愉快；如果准妈妈的心情差，那么胎宝宝也会躁动不安、缺乏耐性；如果准妈妈心情忧郁，缺乏活力，所怀胎宝宝出生后会爱哭闹，长大后容易感情脆弱，敏感；如果准妈妈能正确对待孕期反应带来的烦恼，积极、坚强地克服整个孕期身心的不适，这种坚强的意志会影响到胎宝宝，为胎宝宝出生后能有自尊自强、勇于与困难作斗争的好性格打下基础。

所以，准妈妈应该时时刻刻注意自己的情绪，即便是遇到特别让人生气的事，也要懂得随时调整自己的心态，尽量排除不良情绪，让自己尽快恢复平静。

特别在胎宝宝6个月以后，胎宝宝的情感可与准妈妈息息相通，准妈妈的情绪会直接影响到胎宝宝。

准妈妈应释放压力

胎教的含义很广泛，除了经常提到的语言胎教、音乐胎教、抚摸胎教等外，还有另外一些胎教方法，这些方法操作起来简单方便，又不需要特定的地点或是借助特殊的工具，一个放松的深呼吸，一次短时间的冥想，一个美丽动人的童话，就可以释放准妈妈孕期焦虑的心情，还能达到意想不到的效果。

怀孕以后，不少准妈妈都会变得紧张兮兮，害怕自己哪个无意的举动伤害到胎宝宝，虽然注意生活细节是应该的，但不需要“草木皆兵”。其实胎宝宝比你想象的要强壮和坚强得多，因此，不必过于紧张。

胎宝宝不仅能清楚地感受准妈妈情绪的变化，而且还会做出相应的反应。所以通过冥想，或是通过自我暗示的方法放松孕期焦虑的情绪，也是一种理想的胎教方式。

♥**倾听自然之声**。每天清晨，在睁开眼睛之前，建议准妈妈先聆听一下窗外的声音：风声、鸟鸣，或是雨点敲打窗棂的声音，这些大自然的天籁之音会让你的心情变得格外轻松。

♥**想象**。这也是一种很好的消除紧张的方法。但前提是准妈妈要想象一些“美好的事情”，比如，想香一下“宝宝”未来的模样或者你和丈夫恋爱时快乐温馨的场景等。

♥**大声唱歌。**俄罗斯的科学家们鼓励准妈妈大声唱歌，他们认为歌声不仅能平复准妈妈心中的焦虑，而且对于胎宝宝来说也是很好的胎教。

♥**听音乐。**在准妈妈感到情绪焦躁不安的时候，不妨借助音乐来平复躁动的心灵。采取一种你觉得最舒服的姿势，躺在床上，或者靠墙而坐，静静地聆听自己喜欢的音乐，所有的不愉快瞬间便烟消云散了。

用意识来塑造理想胎宝宝

准妈妈在怀孕期间就应该设想未来宝宝的形象了：是男、是女？像爸爸还是像妈妈？现在有些科学已经证明：在孕期设想的宝宝形象在某种程度上会相似于将要出生的宝宝。想必每位准妈妈怀孕后不厌其烦地在心中描绘着自己所希望的宝宝的形象吧。

这些美好的愿望，能在准妈妈的言行、举止和生活中表现出来，正因为先有了愿望，然后才有了生命的实际。从胎教的角度来看，准妈妈想象的作用也是非同小可的，它能通过意念转化、渗透在胎宝宝的身心感受之中，影响着胎宝宝的成长过程。因此，准妈妈完全可以强化“想要这样的宝宝”的愿望，盼望着他的到来，用自己的意象塑造理想中的胎宝宝。

一般来说，准妈妈可以把自己的想象通过语言、动作等方式传达给腹中的胎宝宝，并且要持之以恒。还可以和丈夫一起描绘自己所希望的宝宝的模样，这样不仅可以保持愉快的心情，还可以通过好情绪来影响胎宝宝。准妈妈还可以预先设计制作一些胎宝宝出生时的用品，买些玩具等。在一针一线的缝制中，培养自己同腹中胎宝宝的感情。

✻准妈妈在感到情绪焦躁不安的时候，不妨想象一下宝宝的模样，相信心情会平复下来的。

孕期第27周

做好胎宝宝的监测

触动准妈妈心弦的胎动声

超声波技术已被广泛应用于妇产科中，也就是我们一般所说的“B超扫描装置”，准妈妈可以利用这种设备，看到尚未出生的宝宝的活动情况。

经由这个设备展现的胎宝宝活动情形，往往令准妈妈感动。这时候胎宝宝的小心脏已经开始搏动，看到这种情形，准妈妈们都非常惊喜。第一次感到自己做母亲的快乐和喜悦也会从内心涌上，一股难以言表的母爱溢于言表。

B超扫描装置不仅是唤醒准妈妈爱心的绝佳方法，是一种很好的胎教工具。

数胎动也是很好的直接胎教

准妈妈自测胎宝宝的胎动次数，可以监控胎宝宝发育的是否健康，对胎宝宝而言，这也是一种胎教。从孕28周开始至临产前，准妈妈应在每天上午8～9点，下午1～2点，晚上8～9点，各计数胎动1次，每次数1个小时。3次数字相加乘以4，就是12小时的胎动次数。也可安排早、中、晚3次计数，但时间应固定。如果每天3次计数有困难，可于每天临睡前1小时计数1次。如果准妈妈能将每天的数字记录下来，画成曲线更好。

数胎动时，准妈妈宜取左侧卧位，环境要安静，思想要集中。为了避免误差，每感到胎动1次可取硬币等物品作筹码代替计数。

准妈妈也可以借助“电子胎动仪”来计算胎动，得到的数据更精确，计算起来也更方便。

✽孕中期，准爸爸可以帮助准妈妈每天在固定的时间测定胎动次数，可以监控胎宝宝是否发育健康。

胎心音监测方法

胎宝宝到7个月后，已经有明显的心脏跳动声了，在医学上，胎心音系双音，第一音和第二音相接近，犹如钟表的“滴答”声。其声音清脆，节律整齐，频率较快，每分钟120～160次。孕24周之前，胎心音大多在母体脐下正中或稍偏左或右可以听到；孕24周后，胎心音在胎宝宝胎背所在侧听得最清楚。

准妈妈无法确定胎位时找胎心会遇到困难，可以请教医生，医生会告知胎心最清楚的位置；孕晚期，胎位相对恒定，胎心音最清楚的位置一般不会改变，所以从孕7月开始，准妈妈及准爸爸就应当开始监测胎宝宝的胎心音了，监测方法是：借用医院的胎心监测仪或者准爸爸将耳朵贴在准妈妈腹部寻找胎心音，胎心音每次监测1分钟为宜。

听胎心音时要注意与子宫杂音、腹主动脉音相区别。子宫杂音是血液流过扩大的子宫血管时所产生吹风样的低音，而腹主动脉音为“咚、咚、咚”的强声音。两者和准妈妈的脉搏节律相一致，与胎心音不难区别。正常胎心率为120～160次/分钟，如果每分钟胎心率超过160次或少于120次或发现有明显的不规则，很可能是胎宝宝宫内窘迫的信号，应去医院就诊。

其他几种自我监测法

除了胎动和胎心检测法外，准妈妈还可自我监护自身的体重、腹围、宫高的增长情况。体重增加太快或太慢均表明准妈妈或胎宝宝有异常的可能。怀孕3个月后，准妈妈的下腹部就会微微隆起，并可在下腹部摸到子宫底。胎宝宝逐渐发育，子宫也随之增大，子宫底逐渐上升。怀孕6个月后，子宫底与脐平齐。到了孕期，子宫底可达到剑突与脐之间，或略高一些。如果子宫底高度与腹围增长过快，有可能胎宝宝过大、双胎或羊水过多。相反，子宫高度、腹围增长太慢，表明胎宝宝生长发育不良，有胎宝宝宫内生长迟缓、胎宝宝畸形的可能，都需引起准妈妈的重视。

高龄女性怀孕后应该做哪些检查

- **绒毛细胞检查**。绒毛膜是胎盘的主要成分，它与胎宝宝细胞中的染色体是相同的。绒毛细胞检查主要用于了解胎宝宝的性别和染色体病变，其准确性可高达90%以上。怀孕第6～8周时，胚泡周围布满绒毛，这段时间是进行绒毛细胞检查的最佳时间。
- **羊水穿刺检查**。高龄准妈妈的卵子质量不如从前，受精卵特别容易出现畸形，这就可能造成胎宝宝畸形，因此，高龄准妈妈一定要做羊水穿刺检查，以便及时发现病变的征兆。羊水穿刺的时间比较短，其间产生的疼痛感不会很明显。因此，准妈妈不必害怕。

孕期第28周

与胎宝宝互动

适时进行抚摸胎教

此时，抚摸准妈妈腹部，可以明显地触摸到胎宝宝的头、背和肢体。抚摸胎教是促进胎宝宝智力发育、加深父母与胎宝宝之间情感联系的有效方法。抚摸可由准妈妈进行，也可由准爸爸进行，也可轮流进行。

此阶段抚摸胎教的方法是：先用手在腹部轻轻抚摸片刻，再用手指在胎宝宝的体部轻压一下，可交替进行。

有的胎宝宝在刚开始进行抚摸或按压时就会作出反应，随着孕周的增加，胎宝宝的反应会越来越明显，当胎宝宝习惯指压后，准爸爸或准妈妈一抚摸，他就会主动迎上来。

准妈妈此时轻轻的触摸配合轻轻的指压可区别出胎宝宝圆而硬的头部、平坦的背部、圆而软的臀部以及不规则且经常移动的四肢。当轻拍胎宝宝背部时胎宝宝有时会翻身，手足转动，此时可以用手轻轻抚摸以安抚。

要注意的是，进行抚摸胎教时，抚摸及按压时动作一定要轻柔，以免用力过度引起意外。当胎宝宝接受到抚摸时如果出现胎动过快的情况，那就表示他不喜欢这种方式，应马上停止。

另外，还需注意：有的准妈妈在孕中、晚期经常有一阵阵的腹壁变硬，可能是不规则的子宫收缩，此时不能进行抚摸胎教，以免导致早产；准妈妈如果有不良分娩史，如流产、早产、产前出血等，则不宜使用抚摸胎教。

帮助胎宝宝“宫内散步”

准妈妈可以用双手轻轻推动胎宝宝，使其在子宫内“散步”。此种胎教的方法是：每晚让准妈妈平卧床上，放松腹部，使胎宝宝在子宫内“散步”、做“宫内体操”。这样反复锻炼，可以使胎宝宝建立起有效的条件反射，并增强其肢体肌肉的力量。

经过锻炼的胎宝宝出生后肢体的肌肉强健，出生后宝宝抬头、翻身、坐、爬、行走等动作都出现得比较早。

训练时，准妈妈的手法要轻柔，要循序渐进，不可急于求成，每次不能超过5分钟，否则只能是揠苗助长，适得其反。一旦胎宝宝出现踢蹬不安时，便应立即停止刺激，并轻轻抚摸，以免发生意外。

在胎教过程中，思想一定要集中，心里应充满幸福喜悦感。孕3个月以内和临近产期或有早期宫缩的准妈妈，不宜进行此胎教。

外出放飞心情

准爸爸可以带着妻子和肚子里的宝宝做一次短期旅行，这也是一种胎教。对宝宝来说，空气清新、宁静的地方是理想之选。旅行不一定要离家很远，可以去离家较近的场所，如绿色草原、温泉等都很适合准妈妈。

准妈妈愉快地呼吸清新的空气，肚子里的胎宝宝也会感觉心旷神怡。如果能边进餐边和先生讨论肚子里的胎宝宝，不但可以充分享受野外用餐的乐趣，也能增进彼此的感情。

制订旅行计划时，必须考虑到胎宝宝是否能愉快地参与，比如在旅行中，夫妻一起讨论胎宝宝的名字，也许这种经历会成为日后的美好回忆。

另外注意行程不要安排得太紧凑，千万不要让准妈妈和胎宝宝过度劳累。

回娘家或婆家住几天，也可称为一次“旅行”，享受悠闲的生活，既可消除准妈妈的疲倦，又有利于培养三代之间的感情。

如果不能出远门，那就带准妈妈和胎宝宝到附近的公园走走吧，或在家里看有关旅游的书籍，同样可以调整准妈妈的心情，有利于胎宝宝的健康发育。

继续做好情绪胎教

孕期中，准妈妈一定要保持愉快的情绪，并用这种情绪感染腹中的胎宝宝。如果自己的情绪很糟或心情不好时，准妈妈可以采取下面的呼吸方法来调节。

准妈妈身体保持自然，采取舒适的姿势，坐躺自便；腰背要舒展，全身放松，微闭双目；用4～6秒的时间缓慢地吸气，让自己有一种将气体储存在腹中的感觉；用8～12秒的时间呼气，直到能无意识地深呼吸为止。在进行胎教前、早上起床时、中午休息前、晚上临睡时，都可以进行一次这样的呼吸。这样做可以缓解怀孕期间焦躁的情绪。

✱温暖的午后，带着准妈妈、胎宝宝到附近的公园走走，让准妈妈的好心情“飞”起来。

专题 孕期乱用药，胎教之功全白费

药物对胎宝宝的影响

药物对于在准妈妈腹中的胎宝宝是十分危险。因为在孕期中胎宝宝的免疫防疫系统还未形成，对各种外界刺激的抵御能力很弱，一旦这些药物成分通过血液进入胎盘，就会对胎宝宝产生严重的影响，轻则致畸，重则流产、胎儿死亡。准妈妈在孕期当中乱用药，不仅使自己的胎教功夫白费，反而会损伤胎宝宝原本的健康，可谓“百害无一利”。

滥用药物，胎宝宝伤害多

准妈妈乱用药物，对胎宝宝和自身都有害，以下就是几种准妈妈乱用药形成的病症：

♥**松软宝宝综合征。**准妈妈后期连续服用镇静药物安定片，产后的宝宝可出现四肢松软、吸吮能力迟钝症。因此，准妈妈在分娩前3个月及后期应忌用镇静之类药物。

♥**胎儿神经血管疾病。**孕妇不可大量服用维生素A，因维生素A是一种脂溶性维生素，缺乏时可发生夜盲症和干皮病，过量会出现蓄积中毒。准妈妈超量服用维生素A不仅可能引起流产，而且还可能发生胎儿神经和心血管缺损及面部畸形。

♥**畸形。**准妈妈更要忌服治疗痤疮和银屑病的维生素A类药物，如异维甲酸，因此类药是最剧烈的致畸药物，一旦服用，可形成胎儿多器官畸形。

♥**流产。**有些人认为，怀孕期间不宜随便服用药物是指西药，而中药大多无不良反应，服用这些问题不大。应该指出，这种认识是错误的，仅《本草纲目》中记载的妊娠忌药就有85味之多，服用不当可能会造成流产或大出血。

♥**胎儿枯萎综合征。**有的孕妇患感冒后，不分风寒还是风热，就乱用中药，这是很不安全的。如板蓝根药性苦寒，有碍脾胃，损伤胎气；野菊花，苦辛温有小毒，主破血，对准妈妈很不适宜，造成胎宝宝宫内发育迟缓或畸形。

♥**补药伤害。**有的准妈妈，想为宝宝增加些营养，就乱服补药，如鹿茸、肉桂、蜂王浆等辛热温补药，这也是害多益少。

准妈妈用药规则

下面是一些准妈妈的用药准则，在孕期一定要严格遵守：

♥在整个孕期，最好不用药，或尽量少用药，凡属可用可不用的药物，应一律不用。

♥准妈妈患病非用药治疗不可时，一定要在医生指导下用药，千万不可私自乱用药。

♥准妈妈用药后，如果感到不适，应立即停药，或请医生改用其他更为适宜的药物。

本月胎教月记

年　月　日　星期　　孕　月　周

❶ 自我感觉（记下自己的异常感觉及饮食、二便、睡眠情况）

❷ 自我检查

体重（千克）：	腹围（厘米）：
血压（毫米汞柱）：	子宫底高度（厘米）：
胎动（次/分）：	脉搏（次/分）：
下肢浮肿：无□ 轻□ 中□ 重□	其他：

❸ 产前检查

❹ 医嘱和用药情况

❺ 精神状况和其他事情

❻ 胎教记录

NATIVE
NEW YORK

Part 5

孕晚期的胎教——巩固胎教的成果

胎教的方法很多，从始至终坚持胎教对80后小夫妻来说，确实不是件容易的事情。尤其是到孕晚期，准妈妈往往会因为行动不便、动作笨拙而放弃胎教训练，但是此阶段胎宝宝的感知能力和活动力有显著增强，这是进行胎教的巩固阶段，80后的准爸妈不能错过哦！

获得完整的五感

——怀孕29～32周的胎教方案

胎宝宝在准妈妈腹中逐渐长大，准妈妈越发笨拙，走路都要慢慢的。但是胎宝宝的灵敏反应和日渐活跃，让准妈妈感觉到欣喜和幸福。胎宝宝的五官已经发育完全，准爸妈可对其继续进行光照胎教、音乐胎教。

本月胎宝宝的发育情况

经过7个月的发育，胎宝宝身体变圆，体重已达1500克左右，身长已至40～44厘米，皮肤深红，皮肤上的胎脂较多，面部胎毛已脱落，多数的胎宝宝都是将手臂和腿弯曲，紧紧贴近身体。

从这时起，羊水量再有明显增加。到了这个时期，胎宝宝的位置也固定了，由于头重，一般头部自然朝下。胎宝宝的外形和内脏已大致发育完善。胎宝宝的大脑仍在发育，肺也已开始形成，已经有了视觉和听觉，现在能区分光亮与黑暗，准妈妈日常生活中所产生的声音能传至胎宝宝脑部，胎宝宝会对此做出反应，表现为胎动和胎心的变化。胎宝宝的味觉更加发达，已能记住甜味和苦味。听觉方面，除能分辨节奏、声音的高低和强弱外，对日常生活中的各种声音都会有反应。

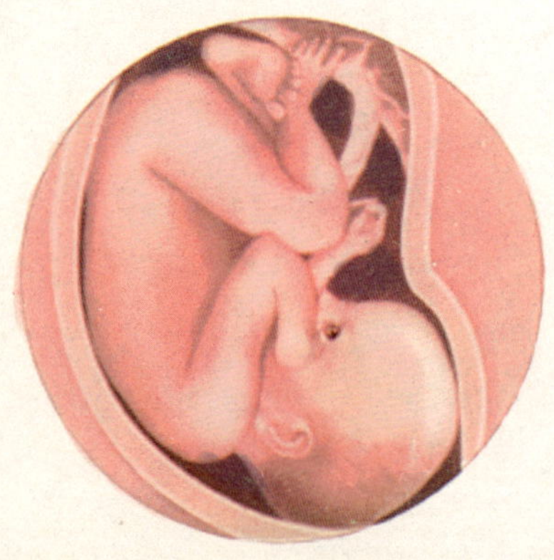

胎宝宝大脑神经网络发达，心灵和意识萌芽，对喜欢或讨厌的声音有所反应。胎宝宝的视觉也开始形成，可借由准妈妈的脑部感瘦到白天与黑夜的不同。

本月准妈妈的变化

进入孕8月，准妈妈的腹部会更加突出，子宫更大，子宫底高27～29厘米。这给准妈妈的生活带来许多不便。由于内脏全部被往上推挤，心肺受到压迫，准妈妈有时会感到呼吸困难，甚至导致食欲不振。有些准妈妈的腰部或其他部位会感到明显的酸痛，下肢出现水肿，静脉曲张。此外，还会出现其他各种症状等，如痔疮、尿频，还有可能会出现第2次孕吐症状。而且下腹部、乳头四周及外阴部等处的皮肤因黑色素沉积呈现瘀黑状，妊娠斑也很明显。本月准妈妈体重增加很快，每周约增加500克，应该比怀孕前重8000～9000克。

本月需要注意的事项

这个时期的准妈妈很容易患妊娠高血压综合征或妊娠糖尿病。如果在某一个早晨醒来，发现身体水肿未退，或1周内体重增加500克以上时，应及时到医院检查。若有异常，则需根据医生建议控制饮食，防止产生巨大胎宝宝。同时也要重视准妈妈的血压变化，如发现准妈妈血压变化较大，收缩压较平常高30、舒张压高15以上的话，就要及时向医生咨询。

此外，还要特别提醒准妈妈注意孕晚期发生的糖尿病，一旦有血糖升高情况，应马上就医。

如果胎宝宝胎位异常，这一时期是最佳纠正时期，可在30周左右开始由医生从准妈妈腹部矫正胎位或在医生指导下准妈妈自行矫正胎位，切不可拖到第35、36周再实行胎位矫正。

预防和减少妊娠纹

到孕晚期，随着腹部的增大，很多初次怀孕的准妈妈都会遭遇一个尴尬的问题，那就是妊娠纹。

据统计，有70%～90%的准妈妈会产生妊娠纹，而且一旦形成，终生不会消失，给爱美的女性带来很大困扰。不过如果加强保养，可以大大降低妊娠纹产生的几率。

如何保养呢？准妈妈在孕前就要注意锻炼身体，经常做按摩，坚持冷水擦浴，多吃富含蛋白质的食物，增加皮肤的弹性。怀孕以后，要坚持适度运动，保证均衡、营养的膳食，控制体重，常用低于体温的水洗澡，每周坚持涂抹乳霜或者橄榄油，并轻轻按摩腹部皮肤。产后在有妊娠纹的地方继续涂抹乳霜和橄榄油，并且加强按摩，至少要坚持3个月。这样就可以有效预防和减少妊娠纹了。

本月胎教要点

8个月的胎宝宝，神经细胞逐渐成熟，记忆力增强，听觉能力更加完善，也开始有了视觉能力味觉和嗅觉已经发展到一定程度。这个时期的胎教应该以听觉和视觉胎教为主，并辅助以味觉、嗅觉的胎教。

给胎宝宝讲述照片中的故事

准妈妈可以一边整理相册，一边回想那些美好的回忆，通过看照片将故事说给腹中的胎宝宝听。甚至可以把准妈妈怀孕后的点点滴滴拍摄下来，给胎宝宝看照片，不仅是种积极的胎教，而且也是准妈妈与胎宝宝珍贵的共同财产。准妈妈在给胎宝宝描述照片中美好的情节时，会将情感传递给胎宝宝，让胎宝宝感受到准妈妈的爱，不但增进了亲子关系，而且对宝宝日后宽厚性格的培养也有较好的影响力。

矫正不正胎位，为顺产打基础

当经过产检发现胎位不正时，准妈妈们不必太过惊慌，胎位不正最佳的纠正时间为孕30～32周之间。因为在孕28周之前，羊水相对比较多，胎宝宝在子宫内活动范围较大，不容易固定；而30周以后，胎宝宝生长迅速，羊水相对减少，胎位相对固定了。如果孕30周以后，胎宝宝仍是臀位的话，准妈妈就可以通过膝胸卧位操来让胎宝宝转到正确的位置了。

膝胸卧位操的做法是：准妈妈排空尿，松解腰带，在硬板床上俯撑，胸膝尽量接近床面，臀部高举，大腿和床垂直，胸部要尽量接近床面。每天早晚各1次，每次15分钟，连续做1周，然后去医院复查。

✱准妈妈做膝胸卧位操，有助于纠正胎位。

准爸爸胎教课堂

现在，准妈妈的肚子越来越大，行动也变得很不方便，容易疲劳，又要面对分娩的压力，有很大的心理负担，所以此时的准爸爸要关心妻子的身心，既要照顾好妻子的生活，还要安抚好妻子的情绪。

尽量不要晚归

有些准爸爸下班后还有很多应酬，还有些准爸爸习惯下班后和朋友聚聚、吃饭、打牌。现在妻子怀孕了，准爸爸的生活也应该相应做一些调整，尽可能在下班后直接回家，各种应酬如能不去就尽可能推掉，陪妻子一起吃饭、散步、聊天，分享和了解一下她的感受。不要认为这样会失去别人的友谊，其实，大家会认为你是一个顾家并有责任心的好男人，会更加尊敬你。

随着分娩日期的到来，这段时间都比较容易出现意外状况。因此准爸爸尽量不要在这段时间出差，要尽量陪在准妈妈身边。

为准妈妈涂润肤乳

有空的话，准爸爸应该陪准妈妈参加产前妈妈课堂，多了解孕期及生产的知识。准妈妈可能出现乳房肿胀和妊娠纹，准爸爸可以体贴地帮她按摩乳房和涂润肤乳。

准爸爸要更加细心

在准妈妈需要沐浴的时候，准爸爸也可以帮到准妈妈，比如搀扶她进浴室，帮她擦拭背部和身体等，以避免因其大腹便便而滑倒等意外状况的发生。准爸爸还可以在每天临睡前给准妈妈轻轻按摩腰腿，缓解孕期酸痛和水肿，使她舒适地进入睡眠状态。

尽量让准妈妈少弯腰

这个时候，准妈妈的肚子大到看不见自己的脚，这就会使一些需要弯腰去做的事变得很难，比如洗脚和剪脚趾甲。到准爸爸表现的时候了，可以每天准备好热水，帮准妈妈泡个脚，再帮她擦干，定期修剪趾甲，既解决了准妈妈的难题，又能让准妈妈备感欣慰。

另外，这个时期准妈妈穿鞋也会出现困难，尤其是冬季的棉鞋，这时准爸爸不妨每次外出和进门时帮准妈妈换鞋。准爸爸还应该包揽下家中一切有关“弯腰”的家务，如拖地板、擦窗户等，准爸爸这样做可以让准妈妈安心、舒适地度过孕晚期。

孕期第29周

孕期营养为胎宝宝保驾护航

孕期营养决定宝宝出生后的智力

准妈妈在怀孕期间，必须有足够的营养物质供应，以满足自身和胎宝宝的需要。当准妈妈营养不足时，胎宝宝要吸收母体本身的营养，从而容易导致准妈妈营养缺乏，这将会对胎宝宝发育带来很多不利影响，其中最为突出的就是使胎宝宝的智力发育受损。另外，也可导致流产、早产和新生儿多种并发症。所以说，孕期的营养决定了胎宝宝出生后的智力，必须引起准妈妈的注意。

胎宝宝的大脑是所有器官中生长发育最早、最快的一个器官。怀孕晚期，胎宝宝脑神经平均每分钟分化增殖2万个神经细胞，宝宝出生后，神经细胞就不再分化增殖。

由此可以看出，孕期准妈妈营养不良会造成胎宝宝神经细胞的数量减少。这种后果在宝宝出生后，即使再补充丰富的营养，也难以挽回。

多吃富含微量元素和钙、铁的食物

从孕10周开始，准妈妈的血容量迅速增加，至第33周时达到最高峰，以后速度会减慢。整个孕中期恰好是准妈妈血容量增加速度最快的时期，血液相对稀释，从而易造成生理性贫血。另外，准妈妈缺铁以及胎宝宝本身制造血液和组织对铁的需要量的增加也容易造成生理性贫血。所以，孕中期应多吃含铁丰富的食物，必要时要给予铁剂补充治疗。

轻度贫血对怀孕、分娩影响不大，而重度贫血可引起早产或死胎，使准妈妈发生贫血性心脏病。贫血还容易并发妊娠高血压综合征，减低机体的抵抗力，引起产后感染。

准妈妈应多吃一些富含铁元素的食品来避免或改善贫血。植物性食品中的铁均为非血红素铁，主要存在于各种谷类粮食、蔬菜、坚果等食物中，此种铁吸收率较低，一般为11%～25%，鱼和肉除了自身所含的铁较容易吸收外，还有助于植物性食品中铁的吸收，因此，准妈妈最好在同一餐中食入适量鱼或肉。维生素C能增加铁在肠道内的吸收，准妈妈应多吃些维生素C含量多的蔬菜、水果。茶叶、咖啡中含有单宁酸，能抑制铁的吸收，因此，准妈妈不宜大量饮用。

此外，准妈妈也要注意保证钙的摄入，保证胎宝宝骨骼和牙齿的发育。喝牛奶是很好的补钙方式，不过准妈妈也可以通过吃豆腐、鱼、西蓝花来补充钙质。

对钙、铁、锌、碘的需要量

♥**钙**。钙可保证胎宝宝骨骼和牙齿的正常生长发育。怀孕期间，钙直接影响着母婴两代人的健康。孕期钙摄入不足，会影响胎宝宝牙齿和骨骼的矿质化程度和出生体重。生命初期，钙的摄入量对胎宝宝牙齿发育起着重要作用。孕期钙摄入量也对胎宝宝骨骼的强壮和致密程度起着决定作用。如孕期钙摄入不足，母体的骨钙将会被动用，轻者可引起准妈妈肌肉痉挛、腰腿疼痛，重者可造成骨质软化等病症。孕中、晚期每天需要摄入1000毫克钙。

♥**铁**。铁可有效预防新生儿贫血。对于准妈妈而言，其体内的含铁量直接影响着胎宝宝的生长发育。从孕4月起，身体对铁的需求量开始增加，到6～9个月时达到最高值。准妈妈若铁摄入不足就可能导致会导致胎宝宝宫内缺氧，胎宝宝出生时体重低，甚至死胎。同时，孕期缺铁还可能导致新生儿贫血或增加准妈妈生产的死亡率。缺铁还可导致机体抵抗力降低，进而增加其患感染等疾病的几率。使其生长发育变缓，甚至可能影响其以后的智力发育。因此，准妈妈要适当多吃些含铁的食物。

♥**锌**。锌可减轻分娩疼痛和出血量。锌是维持人体生长和健康的重要和必需的微量元素，需要从食物中及时补充。同时，锌也是体内多种酶系统的组成成分和激活剂，并可维持细胞膜的结构，是合成蛋白质和胶原蛋白的主要物质，也是促进生长发育的重要元素之一，还参与碳水化合物和维生素A的代谢。锌还有维持胰腺、性腺、脑垂体、消化系统和皮肤正常功能的作用，也是胰岛素的成分之一，与胰岛素的活性有关。在整个胚胎乃至胎宝宝的生长发育过程中，均需要锌的参与。准妈妈每日需要摄入11毫克的锌，可以从肉类、海产品中摄入。

♥**碘**。碘可改善准妈妈孕期浮肿，促进胎宝宝生长发育。碘是有利于大脑发育的微量元素，它在机体中主要的用途是作为合成甲状腺素的原料，而甲状腺素是调节细胞内合成蛋白质和神经系统发育的主要激素。大脑发育的90%是在胎宝宝、新生儿和婴幼儿期完成的，这一时期医学上又称为脑发育对甲状腺依赖的临界期。此时期对脑的发育和增生起着决定性的作用，是补碘的黄金时期。准妈妈每日碘的摄入量应为220微克，可以从海产品如海带、紫菜等中摄入。

✻孕晚期，准妈妈应注意饮食均衡，摄入足够的微量元素，保证胎宝宝的健康发育。

孕期第30周

孕期不适要及早调理

预防妊娠期高血压综合征的发生

妊娠期高血压综合征简称“妊高征”，是孕妇在孕24周以后出现高血压、水肿、蛋白尿等症状，属妊娠期特有的、常见的疾病，表现为年轻初孕女性或高龄初孕女性，精神过度紧张或受刺激致使中枢神经系统功能紊乱；有慢性高血压、肾炎、糖尿病等病史的准妈妈易在此时期出现妊娠高血压症；营养不良也可引发这些症状，如低蛋白血症者，常有头痛头晕，恶心呕吐，视力模糊，上腹部疼痛等症；子宫张力过高，如羊水过多、双胎、糖尿病巨大儿及葡萄胎等可引起这些疾病；子宫胎盘血流量减少或减慢，引起缺血缺氧，血管痉挛而致血压升高；初孕女性子宫膨大过度，腹壁紧张等，都会使宫腔压力增大，诱发这些疾病。

孕期，定期的产检有助于及早发现妊娠期高血压综合证。

怎样预防妊娠期高血压综合征呢？

♥**产前检查**。自觉从孕早期开始，准妈妈应该定期做产前检查，孕早期应测1次血压，以便了解准妈妈的基础血压。以后定期检查，尤其是孕36周以后，更应每周测量血压、体重，同时应进行尿液常规检查，以确定有无蛋白尿，以便及时发现异常，给予治疗及纠正，以缓解准妈妈的病况。

♥**注意营养与休息**。在孕中、晚期，准妈妈应注意营养与休息。减少脂肪和过多盐的摄入，增加蛋白质、维生素、铁、钙和其他微量元素的摄入。同时，准妈妈应坚持每天保证足够的休息和愉快的情绪。

♥**家族史对准妈妈也有影响**。如准妈妈的外祖母、妈妈、姊妹中曾有先兆子痫病史的，则准妈妈发生妊高征的几率会增加。有原发性高血压、肾脏疾患、糖尿病的准妈妈更易并发妊高征。因此，气候突变及寒冷季节，准妈妈更应加强产前检查。

♥**还要做到密切随访**。在孕中期，准妈妈可进行妊高征的预测，如为阳性则应密切随防。

你是糖妈妈吗

从孕中期开始，准妈妈度过了痛苦的孕吐期后，胃口大开，再加上生理需要增多，因此这个时期准妈妈会吃得比较多，体重增加得也比较快，但是要提醒广大准妈妈们，要小心患妊娠糖尿病。

妊娠糖尿病指原来没有糖尿病的女性，在怀孕期间发生葡萄糖耐受性异常，被称为“妊娠糖尿病”。妊娠糖尿病可能引起胎宝宝生长畸形、呼吸窘迫综合征、死胎、羊水过多、早产、孕妇尿道感染、头痛等，此外，妊娠糖尿病也会损害准妈妈的健康。据观察，有些患有妊娠糖尿病的患者，产后患2型糖尿病的几率非常大。

因此，准妈妈一定要配合医生及早治疗。显性糖妈妈有糖尿病的临床表现：空腹血糖升高、尿糖阳性、糖耐量减低。其中部分准妈妈在怀孕前已患有糖尿病，经治疗后受孕。部分准妈妈是在怀孕后才发现患有糖尿病，分娩后糖尿病继续存在。隐性糖尿病患者怀孕前无糖尿病的临床表现，糖代谢功能正常。怀孕后出现糖尿病的症状和体征，部分准妈妈出现糖尿病并发症，但糖尿病的临床表现在分娩后均逐渐消失，在以后的怀孕中又出现，分娩后又恢复。这部分准妈妈在数年后可能会发展为显性糖尿病。

血糖控制的好坏与胎宝宝的健康有很大关系。“糖妈妈”如果按照医生的饮食指导还不能控制好血糖，达到理想的血糖值，那就需要注射胰岛素。

高龄初产妇的注意要点

80%～90%的高龄初产妇所生的宝宝都是健康的。高龄产妇有许多优点：生活经验丰富，情绪平稳，能保持冷静；分娩过程能配合助产，有利于顺利分娩。但确实也存在不利因素，如造成胎宝宝先天愚型和畸形等先天异常。如果准妈妈的年龄超过35岁，产道和会阴、骨盆的关节相对变硬了，生产的时候，分娩时间会延长，而且容易引起难产，或容易患重妊娠高血压综合征，但是如果早期诊断及时采取措施，是可以预防的。下面几点是应该注意的：

♥保证充分的睡眠时间，不过于劳累，充分休息。

♥注意营养平衡，饮食多样，食物尽量软、淡，防止妊娠高血压综合征。

♥重视定期的产前体检，认真听取医生的建议，出现问题，及时解决。

♥有条件的准妈妈最好选择去设备齐全、医疗条件好的医院分娩。

准妈妈如何应对牙龈出血

- 多吃富含维生素C的新鲜水果和蔬菜。
- 定期进行口腔检查，去除牙石。
- 吃饭的时候要挑选质软、无须多嚼和易于消化的食物。
- 勤刷牙、勤漱口，以预防孕期口腔疾病的发生。

孕期第31周 优质胎教，就是做胎宝宝喜欢的事

胎教，就是要向胎宝宝传递快乐

正确的胎教理念就是“快乐”。将准爸妈的快乐传递给胎宝宝，用快乐去影响胎宝宝，相信在快乐之中期盼着的胎宝宝一定会是一个身心健康且快乐的人。很多在职准妈妈工作比较忙碌，但是不要因为怀孕而变得慵懒，准妈妈应该以更加饱满的热情、更加认真的态度对待工作。相信准妈妈的积极、乐观的态度一定能够感染腹中的胎宝宝。清闲的时候，准妈妈可以和有经验的妈妈们一起讨论怀孕的感受，探讨怀孕知识。

依据胎宝宝的生物钟进行胎教

一般情况下，每天上午8:00～12:00是胎宝宝最为乖巧的时候，他会安安静静地呆着；下午14:00～15：00是胎宝宝活动量最少的时候，小家伙会休息一段时间，这时准妈妈也要抓紧时间休息一下；过了下午18:00，胎宝宝的精力开始变得充沛，活动量会逐渐增多，他会变得顽皮淘气，可能会不断地用小手摸摸准妈妈的肚皮，甚至还会用脚踢准妈妈几脚。晚上20:00之后，就到了胎宝宝“大闹”的时候了，他会变得异常活跃，活动量也最大，这时候准妈妈需要全身心地和胎宝宝进行一些互动活动。

每位胎宝宝的生物钟都各有规律，准妈妈可以在生活中总结胎宝宝的生物钟，从而有的放矢地进行胎教，才会收到理想的效果。

胎宝宝喜欢适中的温度

准妈妈腹中的羊水会保持一定的温度，而胎宝宝会在羊水中受到保护。如果准妈妈从温暖的地方突然到寒冷的地方，虽然不会使羊水的温度受到影响，但是由于温差，准妈妈的，血管会收缩，容易引起子宫收缩。急速的子宫收缩，则会使准妈妈产生阵痛。严重时，可能会引起流产或早产。即使后果没有那么严重，也会使胎宝宝觉得非常痛苦。

冬天的暖气和夏天的冷气都是准妈妈要注意的。现在，很多场所中都开放空调，如银行、百货公司、电影院等。准妈妈到这些地方要注意做好保暖或防暑工作，或者避免到这些地方去。

摆脱消极情绪，让胎宝宝积极起来

♥**在身边找快乐的朋友。**准妈妈应尽量常和精神乐观的朋友相处，这样你也会感染到快乐情绪，消除不良情绪，培养自己的乐观心态，在这种乐观心态下感受生活的温暖和幸福。

♥**学会自我暗示。**暗示的作用是非常强大的。如果一个不漂亮的小姑娘每天出门前对着镜子中的自己说“我是最美的！”那她一定整天都自信满满。同样的，如果准妈妈在孕期能经常对自己说：“没什么大不了的，痛苦会很快过去的”，多说几遍，心理压力自然会小很多。

♥**学会自我释怀。**烦恼的时候，准妈妈可以把那些恼人的事情都写到白纸上，然后撕掉或烧毁。当看着纸张毁灭的一刹那，相信烦恼也会消失。

♥**适时运动。**心情不好时，准妈妈可做些轻缓的适合自己的运动，体会运动的乐趣，也给自己和胎宝宝增加活力及信心，但要注意运动量不要太大。

✻心情不好的时候，准妈妈们可以相互沟通，所有的不快都会一扫而光。

不必过分担心是否可以顺利分娩

如果准妈妈们在产前很担心分娩是否顺利，会产生更大的恐惧感和紧张感，反而会影响到腹中的宝宝，很可能还会造成早产。所以，准妈妈在孕晚期应该避免对分娩过于担心，因为只要胎宝宝发育健康，准妈妈的身体状况良好，就不会有太大的问题。至于分娩方式，最好听从医生的嘱咐，选择最适合自己的方式生产就好。

孕期第32周

越孕越美丽

为准妈妈拍照，留下美丽孕程

拍准妈妈照一般选择在孕7月比较合适，最晚不要超过孕9月。这个时间段准妈妈的身体状态比较稳定，而且肚子也比较显形，拍出的效果很有美感。

拍照的时候，一定要选专业的准妈妈摄影机构拍摄，一方面摄影师有给准妈妈拍摄的经验，能更好地照顾到准妈妈的身体状况和情绪；另一方面这些机构服装比较干净，使用的化妆品等也比较专业放心。准妈妈拍照是想珍藏人生中特殊而美好的时刻，留下初为人母的幸福和美好。在准妈妈拍摄期间，可以听些轻松的音乐或者看看杂志，放松一下心情，留下最自然真实的样子。

消除妊娠纹，越孕越美丽

准妈妈在孕8月时，随着肚子一天天增大，腹壁上会不断地出现一条条花纹。这些花纹弯弯曲曲，两端细，中间宽，一条条平行或相互融合。在孕期是粉红色或淡紫色，产后逐渐变成灰白色、有光泽的瘢痕样花纹。这些花纹就是妊娠纹，是皮下弹性纤维支撑日渐增大的子宫发生断裂所致。

孕期，准爸爸最好陪同妻子一起去拍套孕期写真，为美丽的孕期留下美好的回忆。

妊娠纹不仅影响美观，也会使准妈妈腹部弹性变差，对子宫复位不利，还易引起腰痛、尿失禁，给准妈妈增加很多烦恼。而且妊娠纹一经形成，就难以消失，这也是让很多爱美的准妈妈感到头疼的事情。

因此，准妈妈必须在充分了解妊娠纹的基础上采取强有力的办法，尽量避免和减轻妊娠纹。

这就要求准妈妈要注意皮肤护理。洗澡后，要在乳房、腹部、臀部和大腿涂上润肤膏，令皮肤吸取充足的营养，保持弹性。涂上润肤膏后，还可以轻轻地按摩皮肤，促进皮肤的新陈代谢。

此外，饮食也可以改善妊娠纹，准妈妈要尽量避免进食煎炸和油腻的食物，多喝开水和多吃果蔬。

同时，适量的运动也有助于减少妊娠纹。运动有助于促进血液循环及新陈代谢，令皮肤较容易吸取养分，增加皮肤组织的弹性。

准妈妈能不能进美容院

怀孕期间，很多准妈妈为了保持良好的形象，都想去美容院做美容，去美容院做美容并非完全不可以。

但为了保证准妈妈和胎宝宝健康，一定要牢记“安全第一”的原则，要注意以下事项：

做美容时，准妈妈不可长时间保持平卧的固定姿势，必须根据自身的情况，与美容师协调好，随时活动一下身体。

美容院的护理以清洁和放松为主，凡需要使用电流的护理方式，准妈妈都应避免，即使很小的电流也会传遍全身，可能对胎宝宝不利。需做专业的美容漂白时，可能会使用一些影响胎宝宝发育的内分泌制剂，如雌激素等，准妈妈一定要拒绝使用。

怀孕期间，准妈妈的毛发可能会变得更加浓密，但此时不可用电疗的方法去除体毛，以免使准妈妈情绪烦躁，进而影响胎宝宝的生长发育。

足部反射疗法和压点式按摩必须避免。

准妈妈必须完全禁止桑拿浴，因为超过50℃的高温易导致准妈妈流产。

准妈妈忌浓妆艳抹

调查表明，每天浓妆艳抹的准妈妈所怀的胎宝宝畸形的发生几率是不浓妆艳抹的准妈妈1.25倍。

化妆品中所含的砷、铅、汞等有毒物质被准妈妈的皮肤和黏膜吸收后，可透过胎盘屏障进入胎宝宝的血液循环，影响胎宝宝的正常发育，严重的可能会导致胎宝宝畸形。

另外，化妆品的某些成分经阳光中的紫外线照射后，会产生有致畸作用的芳香胺类化合物质，它们会对胎宝宝的健康造成不利影响。

因此，为了胎宝宝的健康发育，准妈妈日常化妆要慎用化妆品，尤其是染发剂、冷烫精、口红、指甲油等化妆品，以确保胎宝宝的健康。

专题 准妈妈，胎教适度就好

准爸妈们望子成龙，想把宝宝培养得更出色一些，这种心情是可以理解的，但任何事情都有个度，一旦过度，其结果就会适得其反，不仅达不到预期的目的，而且会导致不良后果。因此，孕期对胎宝宝进行胎教，必须适度进行。而且每项胎教内容，须按一定规律去做，效果才会好。

有的准妈妈在进行音乐胎教时，长时间将耳机放在腹部，造成胎宝宝烦躁不安，以至于胎宝宝生下来以后，变得十分神经质。其实，即使准妈妈自己听音乐，也不能没完没了地听，否则，也会感到疲惫不堪，胎宝宝的感觉也绝对不会好。

因此在进行胎教时，当怀孕的妻子过分热衷于某件事时，准爸爸不能袖手旁观，必须适时制止，在时间和量度上为妻子把握好尺度，一切从胎宝宝的反应作为出发点。如果发现胎宝宝烦躁，应立即停止胎教。此外，胎宝宝是在睡眠中长大的，因此需要更长时间的睡眠和休息。如果一味刺激胎宝宝，胎宝宝得不到很好的休息，势必影响胎宝宝正常的生长发育。

为了正确实施胎教，使胎宝宝真正受益，准爸妈们必须认真学习胎教内容，掌握胎教的正确方法，在实施过程中，也要严格按胎教的方法去做。

✻孕期胎教应以适度为宜，切忌过度。

孕期适度的性生活有助于胎教

孕期中前3个月与最后1个月，准爸爸和准妈妈们是要禁止性生活的，但是在孕期的其他时间，是可以进行适度的性生活的，它是对胎宝宝来说，是最温柔的刺激。同时，孕期的性生活也是最好的听觉胎教。当夫妻俩在性生活达到高潮时，双方的互相表白和浓浓的爱意是最美丽的语言，这比任何语言形式的胎教都有效果。发育完全的胎宝宝完全可以感知父母性生活带来的愉快感受。

本月胎教月记

年　月　日　星期　　孕　月　周

❶ 自我感觉（记下自己的异常感觉及饮食、二便、睡眠情况）

❷ 自我检查

体重（千克）：	腹围（厘米）：
血压（毫米汞柱）：	子宫底高度（厘米）：
胎动（次/分）：	脉搏（次/分）：
下肢浮肿：无□ 轻□ 中□ 重□	其他：

❸ 产前检查

❹ 医嘱和用药情况

❺ 精神状况和其他事情

❻ 胎教记录

胎宝宝能对准妈妈的情绪做出明显的反应

——怀孕33～36周的胎教方案

此时，准妈妈的腹部增加得更加显著，甚至连看到自己的脚面都变得困难，而这时的胎宝宝的各个器官已经趋于成熟，样子已经和出生时很接近了。这个阶段，准妈妈不妨听些轻音乐，坚持和胎宝宝说说话。

本月胎宝宝的发育情况

孕9月的胎宝宝已较为成熟，皮下脂肪开始变厚，胎宝宝已发育成一个体重约达2500克、身长约为48厘米的人了。全身开始长皮下脂肪但仍很少，身体变成圆形，皮肤有光泽，呈粉红色，有皱纹，面貌似老人。长满全身的细毛开始逐渐脱落，脸上和肚子上的细毛也已经消失。指甲长得很快，直达指尖，但是不会超过指尖。生殖器发育几乎已完成。如果是男宝宝，睾丸已下降；如果是女宝宝，大阴唇隆起，左右紧贴在一起。

此时，胎宝宝的肺和胃肠也都很发达，已具备呼吸能力，胎宝宝喝进羊水，能分泌少量的消化液，其尿液也能排在羊水中。内脏及掌控各器官的神经也相当发达了。视觉、听觉、味觉、触觉和痛觉等感觉神经与脑干紧紧相连，与大脑皮质之间的关系也已经建立，对外来的刺激能够做出反应。

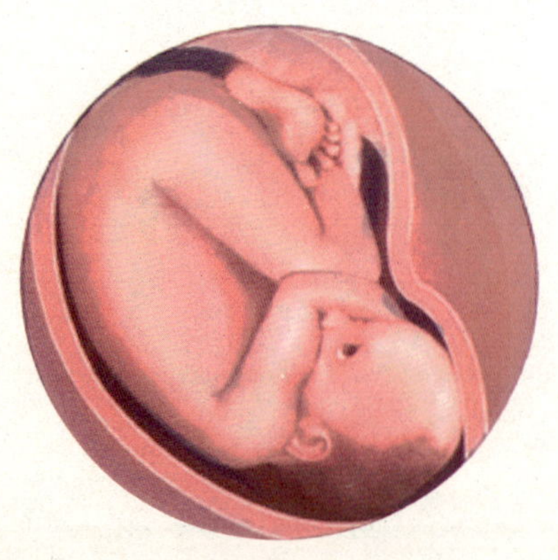

本月准妈妈的变化

准妈妈的子宫还在继续增大，到了这个月末，子宫增大使子宫底的高度可达脐上三横指，子宫直径约为26厘米。若从耻骨联合上缘测量其高度（宫高）为21～24厘米。羊水量也增加到500～650毫升。同时，子宫体积增大，往上顶压准妈妈膈肌，胸廓的体积因而减小。这样一来，准妈妈的呼吸便会发生困难，经常出现气短、呼吸急促等现象，可能还有一种窒息感。子宫也会挤压胃部，影响胃内消化液的分泌，导致准妈妈食欲减退。

子宫肌肉对外界的刺激开始敏感，如用手稍用力刺激腹部，可能就会出现较微弱的收缩。收缩时，子宫内的压力一般不超过2000帕，所以不会引起疼痛，也不会使子宫颈扩张，只是腹部有紧绷感，用手抚摸可感觉到腹部发硬，但一般持续数秒即可消失，因此不必紧张。

此外，由于子宫和胎宝宝的重量增加，使位于子宫前面的膀胱时常受到压迫，准妈妈出现尿频的症状。而且在这一时期，准妈妈极易发生下肢及外阴静脉曲张。所以，这被很多准妈妈认为是最痛苦的时期。

本月需要注意的事项

准妈妈的肚子越来越大，体力大减，容易疲倦，子宫底达到最高状态，高达30～32厘米，几乎与心脏相连接。

由于这个原因，导致胃、肺与心脏受压迫，准妈妈会感到心中闷热、不想进食、心跳加快、气喘加剧、呼吸困难。而且膀胱受挤压，不但排尿次数增多，而且每次总有尿不尽的感觉。

准妈妈此时的阴道、外阴肌肉变软，容易伸展，分泌物增多。准妈妈的乳腺已开始产生少量的初乳，可在乳罩里垫一块纱布。

此时，准妈妈的体重增加很快，每周体重约增加500克。准妈妈走路和躺着时，会感到极不方便，还可能出现睡眠障碍，有时还会被噩梦惊醒。准爸爸此时要给予准妈妈充分的理解。为了贮备能量准备生产，准妈妈在休息之余，还要坚持适当运动及孕期体操。

当然，此时准妈妈做运动要量力而行，不可做剧烈运动，更不可刺激子宫，以免早产，性生活也要禁止。

分娩之前，应坚持每2周到医院接受1次孕期健康检查，如有异常，应按医嘱提早住院。在准备住院之前，要仔细检查生产用品，避免遗漏重要物品。

另外，本月准妈妈要保持平和、稳定的情绪，不要因为临产期的到来乱了手脚，情绪失常，反而会使分娩更加容易出问题。

本月胎教要点

9个月大的胎宝宝，已有了视觉能力，对光有了反应，因此可让胎宝宝通过准妈妈的腹壁，感受一些阳光。但是此时的胎宝宝不喜欢过强的刺激，例如，电影院内明暗变化频繁的银幕及喧闹的声音都会影响到胎宝宝的休息，所以应该尽量避免。家中照明灯最好也不要突然打开或关闭，在夜晚时分稍早一点打开照明灯对胎宝宝来说是有益的。此外，这个月，准妈妈一定要做好生产的准备。

对胎宝宝进行光照胎教

胎宝宝的视觉发育得较晚，在孕9月时，胎宝宝已经对光线的明暗有了反应，但此时的胎宝宝还看不到东西，因为胎宝宝的视神经和视网膜都尚未发育成熟，强光会刺激胎宝宝的眼睛，使胎宝宝觉得很不舒服，所以，如果使用强光照射准妈妈腹部，为了避免受到光线刺激，胎宝宝会将脸转到一旁或闭上眼睑；而对于不太刺激的光线，可给予胎宝宝脑部适度的明暗周期，刺激其脑部的发达，使胎宝宝出现眨眼的动作。

继续做好营养胎教

进入孕9月，胎宝宝器官系统的发育特别充足的营养，准妈妈一定要注意加强营养，切忌偏食，并注意膳食内所含的营养素的合理搭配。应多吃鱼、肉、蛋、奶、绿色蔬菜、米饭、面条、动物肝脏等食物，注意摄入富含维生素K的食物。同时还必须补充维生素和足够的铁、钙。因此，在孕9月，准妈妈应继续做好营养胎教。

孕晚期，准妈妈宜继续加强营养胎教，以刺激胎宝宝脑部发育。

准爸爸胎教课堂

怀孕是夫妻两个人的事，同时也是一个家庭中最重要的事。接近准妈妈的预产期了，除了准妈妈要做好分娩准备外，准爸爸也要为分娩做好充分的准备。在孕早、中期，准爸爸都在扮演一个积极的角色，到孕晚期也不能松懈哦！

和准妈妈一起“拉清单”

到这个时期，准爸爸可以和准妈妈一起“拉清单”，列出最近该做的事、该准备的东西，如准妈妈的内外衣、洗涤用品、坐月子的食品、宝宝用的床、衣服、尿布、洗澡用具、痱子粉、爽身粉等，将清单列好后再一一落实。另外，还要把准妈妈的被褥提前拆洗。

准爸爸还要确定好医院的住院床位，安排好送准妈妈去医院的交通工具，整理所带用具。相信准妈妈会在你的精心安排之下安心待产。

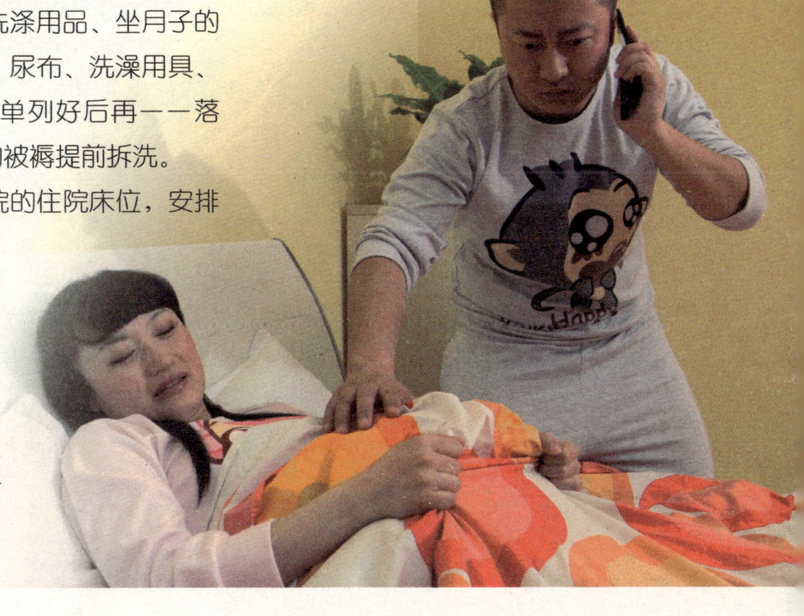

孕晚期，准爸爸应确定好医院的住院床位，一旦准妈妈有异常状况，便可及时入院。

缓解准妈妈的失眠

到了孕晚期，准妈妈可能会睡眠很少，一夜醒好几次。她反复折腾时可能会把准爸爸弄醒，这时准爸爸要理解照顾她。最好能陪她聊聊天，或者为她按摩太阳穴，解除她的失眠烦恼。怀孕期间妻子比较容易多梦，这些梦总与怀孕、宝宝性别有关。准爸爸不要对她的诉说表现得心不在焉，哪怕再困，也要积极回应她的猜想。

避免性生活

孕晚期，准妈妈的子宫敏感度增加，任何外来刺激，即使是轻度冲击都易引起子宫收缩，引起早产。所以这时候，要尽可能避免性生活，以免发生意外。

孕期第33周

给宝宝好情绪、好性格

避免孕晚期的焦虑情绪

调查显示，在现代都市，有98%的准妈妈在孕晚期会产生焦虑心理，造成这种心理问题有多种原因：

首先，城市女性大多是初产女性，缺乏对生产的直接体验。从电视、报刊等媒体上又耳闻目睹了许多他人生产的痛苦经历，考虑到自己也将经历此过程，心中不免焦虑；其次，由于孕晚期各种不适症状加重，如出现皮肤瘙痒，腹壁皮肤紧绷，水肿等不适，心中易烦躁，焦虑。最后，担心宝宝出生后，自己的职业受到影响或家庭经济压力加大，加重焦虑。

此外，对于宝宝的健康问题、性别以及教育问题，都是让准妈妈们焦虑的原因。准妈妈产前焦虑会对自己及胎宝宝造成很多负面影响。产前严重焦虑的准妈妈剖宫产及阴道助产比正常准妈妈高一倍。严重焦虑的准妈妈常伴有恶性妊娠呕吐，并可导致早产，流产。此外，准妈妈的心理状态会直接影响到分娩过程和胎宝宝状况，比如易造成产程延长，新生儿窒息，产后易发生围产期并发症等。焦虑还会使准妈妈肾上腺素分泌增加，导致代谢性酸中毒引起胎儿宫内缺氧。焦虑还可引起准妈妈植物神经紊乱，导致生产时宫缩无力造成难产。

所以，孕晚期的准妈妈们要调整好自己的情绪，不要过度焦虑，而是应该将思考的重心转移到对宝宝的关注和教育上来，保持乐观开朗的心态，才能生出一个健康的宝宝。

准妈妈要警惕孤独症

到孕9月以后，由于准妈妈的身体越来越笨重，行动变得十分不便，每天一个人待在家里的时间要比以往多出很多，很容易产生孤独的心理。

进入孕晚期，准妈妈不再喜欢身边围绕着一大堆朋友，而只愿意与几位闺中密友来往。其实，无论准妈妈的个性多么活泼外向，在这个时候，也只愿躲在家中不愿外出，因而把自己封闭起来。这种低层次的孤独感如不及时引导，往往会影响准妈妈的身心健康，从而影响到胎宝宝的健康发育，应尽量避免。

另外，低层次的孤独感，还会导致有些准妈妈寻求消极的精神寄托和感情依赖。长期的孤独感还会造成情绪紊乱，使准妈妈的免疫系统受到影响，因而易患各种疾病。这些都对准妈妈和胎宝宝的健康有不利影响。

当准妈妈一个人待在家里时，不妨听听音乐、读一读优美的文学作品，疲倦时就躺下休息一会。千万不要让自己的思维钻进死胡同，而一直让自己沉浸在孤独之中。

准妈妈应始终保持平和的心态

积极乐观的情绪不仅能产生有益物质，让准妈妈的身体处于最佳状态，还有益于胎盘的血液循环供给，促进胎宝宝的生长发育。而且，这可以使胎宝宝的活动缓和而有规律。等胎宝宝出生后，性情平和、情绪稳定，不经常哭闹，能很快形成良好的生活规律，如睡眠、排泄、进食等，带起来更省事。

这一切的实现都有赖于孕期准妈妈的好心情。所以在这个时期，不管出现怎样的情况，准妈妈都不要慌张，让自己坚强起来。

此时，准妈妈的坚强及微笑就是最好的胎教内容。

✻孕晚期，准妈妈看看书、听听音乐，与准爸爸看看风景，呼吸一下新鲜空气，都是保持心态平静、情绪平和的好方法。

准妈妈应及时说出心中的不快

准妈妈由于怀孕的关系，体内孕激素增加，变得敏感多疑，有些事容易疑心，可能为一点小事而闷闷不乐，有时因为生理上的原因而郁闷，有时在生活上或饮食上被照顾不周，或准爸爸或亲属有所疏忽，便会不开心容易闷闷不乐，遇到这种情况，准妈妈不要闷在心里，可以找亲近的朋友谈谈自己生活中的不快，这样“竹桶倒豆”，把放在肚子的话全部说出来，自己如释重负，心中会痛快些，而且得到他人的安慰，也会解决思想上的不愉快的问题。

孕期第34周

巩固前期的胎教成果

不要放松运动胎教

孕晚期，胎教一方面要坚持早期的教育训练，要进行光敏感训练，这对于胎宝宝的健康来说有着非常重要的意义。为了巩固胎宝宝在孕早期、孕中期对各种刺激已形成的条件反射，孕晚期更应坚持和增加胎教内容。

此阶段，胎宝宝的各器官、系统发育逐渐成熟，对外界的各种刺激反应更为积极，例如：当用光源经准妈妈腹壁照射胎宝宝头部时，胎头可转向光照方向，并出现胎心率的改变，定时、定量的光照刺激是这个时期的一个重要的胎教内容。

孕晚期，准妈妈动作笨拙、行动不便。许多准妈妈因此而放弃孕晚期的胎教训练，这样不仅影响前期训练对胎宝宝的效果，而且影响准妈妈的身体健康与生产准备。

因此，准妈妈在孕晚期，最好不要轻易放弃运动以及对胎宝宝的胎教训练，而是要尽量克服自己的慵懒，将运动胎教坚持下来。此时的运动可以给胎宝宝躯体和前庭感觉系统自然的刺激，可以促进胎宝宝的运动平衡功能。另外，为了巩固胎宝宝在孕早期、孕中期对各种刺激已形成的条件反射，孕晚期更应坚持其他各项胎教内容。

利用卡片教胎宝宝学习

准妈妈可训练胎宝宝使用卡片学习语言文字。虽然腹中的胎宝宝看不到外面彩色的卡片，但准妈妈通过想象可以将卡片上的内容形象化之后传递给胎宝宝。

彩色卡片就是用彩色画笔在白纸上写上语言、文字、数字的卡片。首先从汉语拼音“a、o、e”开始，每天教4～5个，此外，如果准爸妈想继续发掘胎宝宝的外语天赋，也可教胎宝宝26个英语字母，先教大写，然后是简单的单词。

如教“a”这个汉语拼音时，准妈妈可一边反复地发好这个音，一边用手指写它的笔画。这时最重要的是通过视觉将“a”的形状和颜色深深地印在脑海里。因为这样一来，准妈妈发出的“a”这一字母信息就会以最佳状态传递给胎宝宝，从而有利于胎宝宝用脑去理解并记住它。

汉语拼音韵母教完后，可以接着教声母和简单的汉字，如“大”、“小”、“天”、“儿”等，在教胎宝宝学习时，准妈妈要付出真挚的感情和耐心，切忌急躁，敷衍了事。

还可采用彩色卡片教胎宝宝学习数字。通过深刻的视觉印象将卡片上描绘的数字、图形的形状和颜色，以及准妈妈的声音一起传递给胎宝宝。胎教成功的诀窍是不要以平面的形象而要以立体形象传递。如教胎宝宝“3”这个数字的时候，可以想象它是一个耳朵或是一个竖起来的桥梁，把你的想象描述给胎宝宝，具体又形象；当说到数字“6”的时候，可以想象它是一个小蝌蚪，也可以想象它是一个小勺子；可以将字母“c”想象成一个虾米，或者是一个弯腰的人等。这些发散型的思维方式都非常有助于胎宝宝建立起联想思维，让他头脑更聪明。例如教“1+1=2”的时候，可以说“这里有1个苹果，又拿来了1个苹果，现在一共有2个苹果”。将具体的、有立体感的形象，也就是将三维要素导入胎教中去。

动手为胎宝宝设计小玩具

此时，准妈妈可以试着动手设计些能和宝宝一起玩的玩具。在尝试的过程中，不仅可以让准妈妈忘却身体与心理的不适，还能训练其耐心与爱心。在设计制作玩具时，准妈妈的心情是应当欢乐的，想象着将来胎宝宝出生后，可以与自己一起玩这些玩具，那种喜悦与成功感是难以言表的。而且这种玩具设计看似简单，但却能很好地促进腹中胎宝宝的脑部发育。

准妈妈可以用挂历制作成纸风铃，涂上鲜艳的颜色，再穿上几个小铃铛，做个挂钩，日后可挂在胎宝宝的床边。准妈妈也可以在蛋壳上面画上一些好看的图案，也可以是一些搞怪的脸谱，再用上一些鲜艳的颜色，挂在室内也很有意思。

进行交流式接触胎教

孕29周到产后28天，是准妈妈和胎宝宝关系最密切的阶段，现在可以借用交流式接触胎教来增进亲子关系。

为了使胎宝宝顺利成长、发育，母子之间的接触是十分必要的，这是一种身体与精神的情绪反应，可以使胎宝宝更爱准妈妈、准妈妈更疼宝宝，这种相互作用也能决定宝宝未来的性格发展。此外，通过按摩与胎宝宝沟通、定期实施精神松弛练习、写日记和与丈夫交谈等，都是重要的功课。

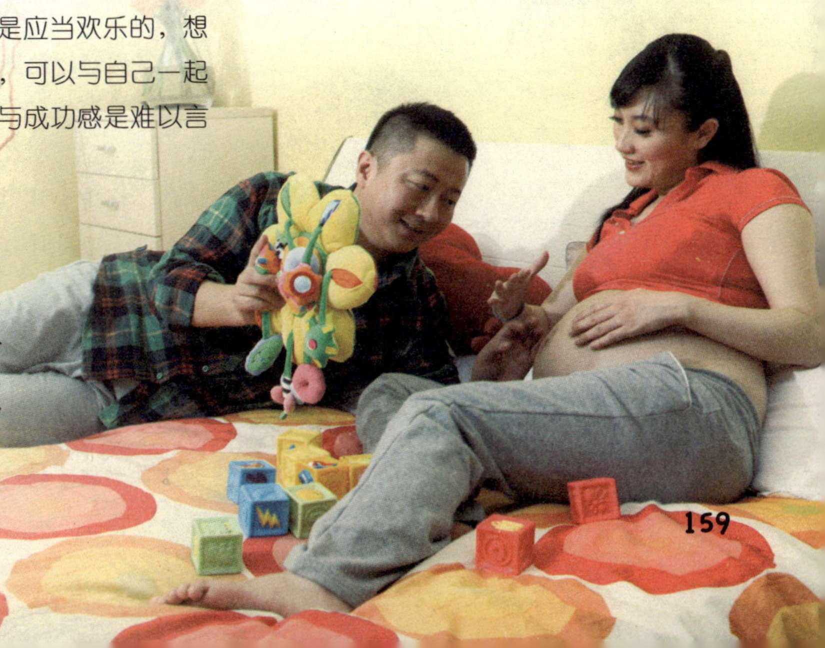

✱在孕晚期，准妈妈可以尝试自己动手为即将出世的宝宝制作一些玩具，既可让自己心情愉悦，又是一种良好的胎教形式。

孕期第35周

孕晚期，将运动胎教坚持到底

继续做抚摸胎教

8个月的胎宝宝，皮肤感觉更加敏感，因此，不要忘记继续和胎宝宝做抚摸胎教，做一些互动。准爸爸准妈妈可用手在腹壁上轻轻地抚摸胎宝宝的头部，有规律地来回抚摸胎宝宝的背部，轻轻地抚摸胎宝宝的小脚丫或小手。胎宝宝感受到触摸的刺激，会做出相应的回应，他的回应会让你激动不已。抚摸时不要忘记同宝宝说话，告诉他，你今天的工作成绩和感受，告诉他外面的景色和天气，最后一定要用你们的心告诉他你们在等待他，你们爱他，因为他的到来，带给你们无限的快乐和希望，是他让你们成熟，让你们彼此更加相爱。

运动量应适宜

♥**可多做肌肉锻炼**。怀孕期间，准妈妈的盆底肌肉的力量很可能被削弱，因此加强这些肌肉的力量，对准妈妈的健康以及分娩都很重要。盆底肌肉的锻炼方法如下：准妈妈可以站立或者平躺在垫子上，要像小便憋尿那样用力收紧盆骨和阴部肌肉，一般坚持3～5秒钟，然后放松，重复30次。每天最好练习300～350次。大腿肌肉锻炼方法如下：以青蛙的姿势坐在地板上，背挺直，将双脚的脚心相对；双手握着脚踝，尽量将双脚向身体靠拢，用双肘向下压大腿，坚持这种姿势数到10，然后放松，重复15次。但是，在做这些肌肉锻炼的时候，准妈妈要注意适度原则，以不疲劳为宜。

♥**最好做舒缓的运动**。准妈妈在孕中期，最好做一些比较舒缓的运动，如游泳、打太极拳、散步、比较简单的瑜伽等。这类运动不仅能够帮助准妈妈锻炼肌肉，又不会产生压力和撞击而伤害到胎宝宝。但是，准妈妈一定要避免强烈的腹部运动，也要避免做和别人有身体接触的运动。还

✱做抚摸胎教，可以一边做一边跟胎宝宝说话，既利于胎宝宝发育，又能稳定准妈妈的情绪。

要避免做快速爆发的运动，如打羽毛球、网球等。骑马或潜水等运动也不适合准妈妈；尤其是潜水，很容易使准妈妈处于缺氧状态，导致胎宝宝畸形。

♥**可以多做呼吸练习。**呼吸练习可以帮助准妈妈放松身心和保持稳定的情绪，也有助于在分娩过程中配合宫缩，准妈妈可经常进行这种练习。

准妈妈应注意劳逸结合

这时胎宝宝的身体已经很结实，他自己也开始学会保护自己。因此准妈妈在这时候最好把精力放在为将来顺利地分娩及产后恢复而必做的事情——运动上。现在准妈妈需要做一些适当的运动，比如可以有目的地做一些准妈妈操，每天晚饭后还可以让丈夫陪你一起散散步等。

对大多数准妈妈来说，这个时候可以照常上班，参加轻体力劳动。因为适当活动能促进血液循环和新陈代谢，增强心肺功能，有助睡眠，还可以减轻腰腿酸痛及预防或缓解下肢水肿，使全身的肌力增加，有利于分娩。怀孕的时候保持运动的习惯，不但准妈妈的体力较好，肌肉也会更有弹性。当然，为了宝宝的安全考虑，准妈妈最好不要做激烈的运动，可做简单的伸展操或散步。

此外，准妈妈应注意劳逸结合，不宜从事劳动量过大的工作；也不宜做长时间下蹲或弯腰的工作，因为这种姿势会增加准妈妈的腹部压力，影响血液循环，压迫胎宝宝，不利于其生长发育。

和海豚互动，是不错的胎教方法

据研究发现，海豚能发出2000～10万赫兹（甚至30万赫兹以上）不等的高频超声波，这种超声波能大大激活人脑中处于“休眠状态”的神经元细胞，这对于处在发育期的胎宝宝的中枢神经系统有良好的促进作用和医疗价值。

另外，据秘鲁科学家发现，海豚发出的超声波叫声能够刺激胎宝宝的脑部发育，元气十足的海豚会借着超声波叫声刺激胎宝宝发育，其脑部运动会因此而更灵活。所以在产前，如果准妈妈能够让海豚为胎宝宝做胎教，无疑对胎宝宝有极大的积极意义，准妈妈生出一个更聪明的宝宝的几率更大。海豚可以感知到肚子里的胎宝宝，甚至还能辨别胎宝宝的性别呢。海豚的声音招胎宝宝喜爱，而且海豚的样子也憨态可掬，再加上又聪明有灵性，对人类特别友善、耐心、容易接近等，这些特性都会促进腹中宝宝的良好发育。

海豚是一种极聪明和具有高等思维能力的动物，它们喜欢而且能跟胎宝宝进行心灵沟通，准妈妈可以在准爸爸的陪同下去海洋馆里参观海豚表演，例如：跳跃、钻套圈、芭蕾舞等，以及听海豚们“唱歌”，和可爱的海豚进行友好的互动，伸手抚摸海豚的吻端和皮肤，这些都是非常好的胎教方法。

准妈妈理想的海豚胎教疗法，应当是让海豚贴近准妈妈肚皮，让腹中的胎宝宝听其发出的悦耳的叫声，准妈妈可想象胎宝宝与海豚共游、嬉戏、玩耍。

孕期第36周

行为胎教，如春雨润物无声

寓胎教于无形的行为胎教

行为也是一种语言，准妈妈的一举一动都在思想感情意念的驱动下而萌发，通过信息传递可以影响到腹中的胎宝宝。

临近预产期的准妈妈除了高兴之外，对下一步工作、生活、学习应重新安排。如夫妻俩坐下来，读读有关的书籍，了解一下分娩，新生儿护理的知识，以做到先从理论上武装自己，提高自己，然后制订出可行的计划，一起来实施。这种科学严谨的思想和作风正是良好的胎教。

还要注意，部分准妈妈要注意自己的行为修养，不要开口就脏话连篇，动辄与人口角，动小心眼，嫉妒别人，在同事、邻里之间散布流言，挑拨离间，斤斤计较，这些表现，不但会使自己陷入消极的情绪中，也不会给胎宝宝带来好的影响。

此外，准妈妈应少玩麻将。在玩麻将时，准妈妈往往处于大喜大悲、患得患失的不良心境中，加之语言粗暴、争论激烈，自主神经高度紧张，母体内的激素分泌异常。这些恶性刺激对胎宝宝大脑发育造成的损害，会远远超过对准妈妈本身的损害。

不要用裤带扎紧腹部

到了此阶段，有的准妈妈认为衣服穿得宽大或裤带扎得过松，胎宝宝会长得太大，难于分娩，或者怕腹部增大不好看，因而，她们除了选紧身的衣服穿之外，还将裤带扎得很紧，或者用自己做的布带把腹部紧紧扎起来。这种做法很不科学，不但自己不舒服，还会影响胎宝宝发育。比如出现悬垂腹和胎位不正常等。

此时，准妈妈正确的做法应该是重视调理好营养和饮食，使保持宝宝的体重在3200克左右的适中重量。

✻孕晚期，准妈妈要注意自己的言行举止，保持良好的修养，为胎宝宝带来有益的影响。

别让小事影响准妈妈的健康

♥**过量补钙和鱼肝油。**准妈妈长期大量食用鱼肝油和钙质食品，会引起食欲减退、皮肤发痒、毛发脱落、感觉过敏、眼球突出等问题。同时，血中钙浓度过高，会出现肌肉软弱无力、呕吐和心律失常等，这些对胎宝宝生长都是没有好处的。

♥**常吃火锅。**据有关部门检查测定，羊群中弓形体的感染率为61.4%。弓形体的幼虫往往藏匿在受感染的羊肉中，而吃火锅时短时加热并不能杀死寄生在肉片细胞内的弓形体幼虫，进食后幼虫可在肠道中穿过肠壁随血液扩散至全身，并通过胎盘传染给胎宝宝，严重者可发生流产、死胎，或影响胎宝宝脑的发育而发生小头、大头（脑积水）或无脑儿等畸形。所以，准妈妈应避免吃火锅。

♥**戴隐形眼镜。**准妈妈角膜的含水量比常人高，若戴隐形眼镜，容易因为缺氧导致角膜水肿，从而引发角膜发炎、溃疡，甚至最终导致失明。同时，准妈妈的角膜曲度也会随着孕期及个人体质而改变，使近视的度数增加或减少。如果勉强戴隐形眼镜，容易因为不适而造成眼球新生血管明显损伤，甚至导致角膜上皮剥落。另外，一旦隐形眼镜不洁，极易滋生细菌，也易造成角膜发炎、溃烂。所以，准妈妈应尽量避免戴隐形眼镜。

拒绝性生活

孕晚期，因为准妈妈肚皮膨胀和肢体疲乏，性欲也随之减弱。如果孕晚期对性生活不加节制，会给准妈妈和胎宝宝带来难以预料的危害。由于性交使腹腔内压力急剧增大，可诱发羊膜即刻破裂，致使羊水流出，胎宝宝脐带甚至肢体顺势滑出，引起早产。如果脐带受伤导致血液循环障碍，会使胎宝宝在宫腔内窒息而迅速死亡。

孕晚期应坚决禁止性交，可以用温柔地拥抱和亲吻，或者爱抚来代替性交。这需要夫妻达成共识，以胎宝宝的安全为重。

不要为宝宝的出生时间烦恼

距离分娩的日期更近了，准妈妈的心情也开始变得忐忑不安，宝宝要什么时候出生呢？会按照预产期出生吗？一想到这些问题，准妈妈既兴奋又紧张。

建议所有的准妈妈要保持稳定的情绪，如果准妈妈情绪激动，会导致肾上腺激素分泌增加，极有可能导致流产或生出畸形儿。

6个月以后，胎宝宝的神经系统已几乎发育完善。如果这时准妈妈的情绪受到刺激，就会影响胎宝宝的正常生长和发育。

因此，不要为了宝宝出生的时间而郁郁寡欢。保持愉快开朗的心境，保持平和心态，多想想美好、轻松的事情，多为宝宝的出生做一些物质准备，以最佳的状态迎接宝宝的降生。最好的处理方式是计算好预产期，然后耐心等待宝宝的出生。

专题 有意胎教与无意胎教

有意胎教与无意胎教的差别

有意胎教是指有目的、有计划地在怀孕期间，采用某些方法，创造某些条件，让准妈妈和胎宝宝的身心得到调养。

无意胎教是指没有特意采取某些方法，创造某些条件，但某些日常生活中的情况也能够使准妈妈和胎宝宝的身心得到调养，在无意中产生了良好的效果。事实上无意胎教在整个胎教过程中所占的比例比有意胎教更大。所以准妈妈们一定要重视“无意胎教”。

有些准妈妈虽然文化水平不高，甚至对胎教一无所知，未曾有意地创造某些条件，而是随心所欲，毫无目的地去实现自己的某种愿望与爱好。在这尽情随性的生活当中却能意外地收到良好的胎教效果，生下的宝宝有时同经过精心施以胎教的宝宝，在体质、智力等方面基本或完全一样，或更优于有意进行胎教者所生的宝宝。

在实际生活中，由于准妈妈的精神、意向、习惯、嗜好等，在成年以后已基本定型，即便是刻意改变也较难改变。这就需要在多读一些有关胎教的书籍，增加文化知识，提高个人修养与文化程度，力争使无意胎教转变为有意胎教。

将无意胎教转化为有意胎教

优生学专家指出，无意胎教固然可以起到一定作用，但如果将它上升到有意胎教，将会使胎教的效果更佳。

研究证实，有意胎教对宝宝的身心发展影响是很明显的。有意胎教可以通过音乐胎教、抚摸胎教、情绪胎教等方法实施。通过音乐声波的和谐震动，可以提高胎宝宝敏感的听音能力；通过准爸妈对胎宝宝的谈话、讲故事等胎教方式，既培养了亲子感情，又可以把语言信息贮存在胎宝宝脑中，有利于开发胎宝宝的潜能；通过良好的情绪培养，可使宝宝出生后心理发育更健康，不爱哭闹。

这就要求每位准妈妈都有足够的“胎教意识”，将胎教渗透到日常生活的细节中去，在生活中随时随刻不要忘了对胎宝宝进行良性刺激，让他获得愉快的体验，为生出一个健康优秀的宝宝奠定基础。

✻准妈妈应该将胎教渗透到生活细节中去。

本月胎教月记

年　月　日　星期　　孕　月　周

❶ 自我感觉（记下自己的异常感觉及饮食、二便、睡眠情况）

❷ 自我检查

体重（千克）：	腹围（厘米）：
血压（毫米汞柱）：	子宫底高度（厘米）：
胎动（次/分）：	脉搏（次/分）：
下肢浮肿：无□ 轻□ 中□ 重□	其他：

❸ 产前检查

❹ 医嘱和用药情况

❺ 精神状况和其他事情

❻ 胎教记录

胎宝宝具备了完整的外形，做好出生的一切准备

——怀孕37～40周的胎教方案

还有一个月就可以和自己的宝宝见面了，是不是很兴奋？准爸妈别光兴奋，要继续做好胎教，将胎教进行到底，为胎宝宝站好最后一班岗。

本月胎宝宝的发育情况

历经10个月的生长发育，胎宝宝大致已发育成熟，模样与宝宝十分相似，已变成一个重达3000余克、身长达50厘米左右的胖乎乎的“小人儿”了。

胎宝宝皮肤表面的皱褶已完全消失，皮肤粉红，毳毛已大部分消退，头发粗，长2厘米以上，指甲长到超出手指尖，骨骼肌肉也长得十分结实发达，头盖骨变硬。以心脏、肝脏为首的循环、呼吸、消化、泌尿等器官已全部形成。与9个月时相比较，胎动的次数已减少很多，感觉上似乎稳重多了。约在分娩前1周，胎宝宝停止生长，胎动变少。从这一阶段一直到足月，胎宝宝的神经系统仍处于混沌未开的状态，宫内的生命只靠着低级动物反射性控制方式来维持和推动。

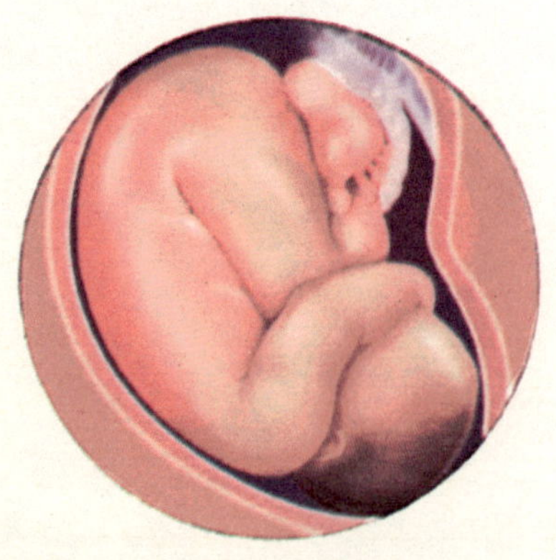

本月准妈妈的变化

此时，准妈妈的身体已经做好了生产的准备，子宫和阴道更加软化，容易伸缩，分泌物增加，以方便胎宝宝通过产道。胎宝宝顺着骨盆口下降，子宫底的位置也跟着回落，胃和心脏所受的压迫减小，食欲会有所增加，由于腹部压力减弱，呼吸也比上个月容易了，准妈妈浑身变得轻松起来。但是，由于子宫对膀胱和直肠的压力增加，因此排尿次数会增加，而且容易出现便秘。此外，肚子也会有发胀变硬的感觉。

准妈妈子宫纤维越来越粗，使得子宫弹性不断增加。子宫颈也变得光滑而坚韧。骨盆的各个关节在不断松弛。准妈妈的阴道纤维也会变长，弹性在逐渐增加，为胎宝宝通过做好了准备。由于这一区域血管的扩张，阴道和外阴会因为充血而略带紫色。同时，阴道分泌物也会增加，以便在胎宝宝通过时起到润滑的作用。

本月需要注意的事项

这个时期，准妈妈可以做一些适当的运动，也要注意休息和营养均衡。为了保持身体清洁，准妈妈最好每天淋浴，内衣裤时常更换。此外，准妈妈还需了解、辨认生产开始的各种症状以及住院、分娩和产褥期的相关知识。确定准备事项是否有遗漏，以便随时到医院生产。

准妈妈若发现自己的下腹有周期性疼痛、出血、破水等生产征兆，就不能再自行人浴，应及时进人医院接受观察待产。因随时有可能生产，准妈妈应避免独自外出、出远门或长时间在外。同时，为防止胎宝宝发生异常，准妈妈必须进行1周1次的产检和自测胎动。

练习各种呼吸法为顺利分娩做准备

临近生产，准妈妈提前掌握呼吸技巧有助于顺利分娩。

产前呼吸练习主要包括三种方法：

- **大口呼吸法**。以最快时间供应最大的氧气量。准妈妈可以5分钟为标准，先大口吸气，然后在心中默数数字，让自己有储存气息的感觉，然后将气体慢慢呼出，呼气时间是吸气时间的两倍，这样反复做4～5次。
- **屏气呼吸法**。这主要是用在生产过程中。先深吸一口气，然后尽量不要吐出。这种呼吸有利于在生产中推进胎宝宝的出生。
- **哈气呼吸法**。主要用于胎宝宝头部出来后，准妈妈宜采取的呼吸方式。哈气呼吸做法很简单，就是短频快地呼吸，即“哈”、“哈”地吐气。动作要快，要保持呼吸均匀通畅。

如果能够保证在生产阶段进行以上三种呼吸法的准确及时转换，对准妈妈的顺利分娩会起到极大的促进作用。

本月胎教要点

此时胎宝宝的头进入骨盆中，活动量会减少。这个阶段，准妈妈的胎盘可能会将各种疾病的免疫能力输送给胎宝宝。因此，准妈妈要注意增加自身免疫力，而且要用努力和爱帮助胎宝宝诞生。准妈妈要了解宝宝是如何通过产道诞生的，要认真练习呼吸法和怎样放松，并在分娩时正确运用这些方法。此外，可以多和胎宝宝说话，告诉他要好好和妈妈配合，乖乖诞生。

科学安排最后一个月的饮食

进入孕期最后阶段，准妈妈的胃部不适会有所缓解，食欲也有所增加，因此营养的摄取是容易的，只要调整情绪，正确膳食就没有问题。

但这个时候应该限制脂肪等热量的摄入，以免胎宝宝过大，影响顺利分娩。为了储备分娩时要消耗的能量，准妈妈应该多吃富含蛋白质、糖类等高能量的食物，每天可加食1～2个鸡蛋，最好一日多餐，保证全面的营养及食物的消化吸收。

维生素E可使氧气得以输送到身体各部位，从而解除了准妈妈的疲劳，更重要的是缓解了准妈妈临产前的紧张情绪，使紧张的肌肉得以放松。

含有维生素E的食品是胚芽米、植物油、坚果类、黄绿色蔬菜等，临近分娩时，准妈妈要多吃这些食品。可以自己做一些可冷冻的食品，去医院时带上，尤其是初次怀孕的女性，从阵痛开始到宝宝出生需要时间较长，进分娩室之前可准备些方便食品，如巧克力，以避免空腹没力气分娩。

充分摄取维生素E是顺利生产的重点，如果你已经准备充分了，那就充满信心地迎接分娩吧！

不能忽视孕晚期的胎教

胎宝宝已经接近预产期，这时候准妈妈也不要放松对胎宝宝的胎教。因为胎宝宝发育越趋向成熟，大脑功能也日益发达，胎教的效果也越好，所以准妈妈一定要利用好这段时间为胎宝宝上好最后一课。

随着触觉、味觉和嗅觉的逐步发育完善，胎宝宝为他出生以后能够很快适应外界生活打下了良好的生理基础，并将在以后的生活中不断得到完善和提高。而胎宝宝的这些感觉功能在起初阶段就应该不断地加以强化，以促进其发育。

胎教就是运用这个原理，锻炼胎宝宝的各项感觉功能，使他一出生就能耳聪目明、鼻灵舌敏，手脚灵便，成为新生儿中的佼佼者。

准爸爸胎教课堂

这个时期，准爸爸应该把所有应该准备的都准备好了，随时等待妻子的分娩。在临产之前，准爸爸还要注意以下几点：

准备好待产包

准妈妈随时都有生产的可能，准爸爸要做好一切准备，包括去医院要带的物品，去分娩医院的联系电话、乘车路线和妻子孕期所有的检查记录。当准妈妈发生早产征兆时，准爸爸要迅速行动。

积极面对妻子的心理焦虑

临产前，准爸爸可以和妻子一起去了解一下病房、产房的环境，熟悉自己的医生。给妻子积极的心理暗示，多把正确、实用的生育知识告诉给准妈妈，缓解妻子的焦虑。

严禁性生活

因为此时胎宝宝开始下降，性交易使宫口张开，引发细菌感染，造成胎膜早破、早产和宫内感染。因此，准爸爸要禁止性生活。

做好陪妻子分娩的准备

准爸爸最好从准妈妈预产期前2周开始就陪伴在准妈妈身边，以免准妈妈独自一人面对分娩。分娩对你们和未出世的宝宝来说都是人生的关键时刻，虽然分娩的生理过程完全由准妈妈一个人来承担，但准爸爸所承受的心理压力并不亚于准妈妈。准爸爸会担心准妈妈是否能挺住分娩的痛苦，是否能平安顺产，还要担心宝宝是否健康正常，会不会受到损伤等。对亲人的种种焦虑会使等待在产房门外的准爸爸感到无法忍受，而准妈妈在产房内同样也期望准爸爸的陪伴，如果医院允许准爸爸走进产房陪伴准妈妈分娩。

准爸爸在产前两周要多陪伴妻子。

孕期第37周

为宝宝的到来做准备

亲手制作胎宝宝出生后的用品吧

宝宝的皮肤十分娇嫩，神经调节中枢尚处于发育、完善阶段，若贴身衣物选择不当，极易引发过敏反应，如果不够清洁卫生，还易引起感染。

准妈妈自己给宝宝制作一些衣物用品当然再好不过了。宝宝的用品第一个要求是用纯棉制作，纯棉针织布具有柔软、吸水、保温等多种功能，十分适合宝宝的皮肤特点，千万不要选用化纤用品。

准妈妈们在购买制作材料的时候也要注意假冒伪劣的非纯棉材料，应去正规商场选购。

布料颜色要浅而柔和，最好是白色的，这样可以防止染色造成的影响。一般衣服准妈妈只需制作准备当季4～5套就可以了，并且要考虑到宝宝的尺寸。有时候准妈妈对宝宝生长发育估计不准确，制作太多或是大小不合适就会造成浪费。

如果准妈妈有足够的时间和精力，还可以多制作一些胎宝宝的小包被、帽子、小鞋子、袜子、手套、脚套、口水巾等。

为宝宝打造温馨的“小天地”

准爸爸和准妈妈可以提前为宝宝打造一个属于他的“安乐窝”。首先要选一张好床。好的宝宝床既要看重安全性，又要兼顾其实用性。

准妈妈和准爸爸选择时，可以先摇动或移动床具，太摇晃的床具容易发出噪音，不适合宝宝使用；检查所有的螺丝是否都拧紧了，以保证宝宝的安全；准爸爸也可以用手或身体的力量，亲自测试一下床的承受力。整体检查过以后，床的边边

✻准妈妈如果有足够的时间和精力，此时可亲手为宝宝制作一些衣物和生活用品。

角角仍然需要特别注意。

一般情况下，宝宝床的边角最好是圆角或弧形，而不是棱角或棱线形，且没有任何尖锐的金属配件。每一道边，每一个角的接缝处都要非常紧密。否则，一旦宝宝的手指或衣物夹进去，很容易受伤。宝宝床出于安全性的考虑，通常都会有护栏设计，一般对其高度和间距都会有一定要求。如高度至少要达到65厘米（包括床垫和床品的高度），护栏的间距不得超过6厘米。

其次，准爸爸和准妈妈还要选择好床上用品。选择床上用品的时候，要注重柔软、透气性好，以纯棉最佳。

避免沉迷备物心理

期待宝宝出生后就有良好的物质准备是每一个母亲对宝宝表现出的最大爱心，于是，有些准妈妈把为即将出生的宝宝准备东西当成自己最大的乐趣。

这种想法是好的，但是，如果准妈妈不能很好地调整自己过急的心理状态，整日忙个不停，甚至连宝宝2岁内所用的东西都准备出来，不仅会让自己很疲惫，更对胎宝宝不利。所以，这时期的准妈妈要努力调整心态，不要因为宝宝准备东西而太劳神。

准妈妈也不能长时间坐着编织毛衣，以免压迫胎宝宝，使血液流动不畅，进而影响胎宝宝的供氧。

这时的准爸爸，要努力把妻子从过多的准备工作中拉出来，自己尽量多做些，最好为妻子安排一个舒适的环境，满足她想以好的环境来迎接宝宝的愿望。

接近预产期，运动要注意

接近预产期的准妈妈体重不断增加，身体负担很重，时刻准备着分娩的到来，这段时间可以经常散散步，或者做一些适合于自然分娩的辅助体操。

这时候，准妈妈运动一定要注意安全，本着对分娩有利的原则，千万不能过于疲劳。注意不要久站久坐或长时间走路。

做好完善的分娩前计划

分娩前，最好提早做一份详细的分娩计划，以便能够按照计划有条不紊地迎接宝宝的出生。

做计划时，应从以下人手：

♥可以在分娩室放一些亲切的物品吗（亲人的照片或亲人的衣物等）？

♥如果可以在分娩室里录音、拍照或摄像，那准爸爸要提前准备道具。

♥是否愿意在分娩前进行灌肠？

♥是否愿意接上导尿管？

♥麻醉镇痛药物及注射时间是否可以自行选择？

♥希望谁是第一个抱宝宝的人（丈夫、婆婆或其他人）？

♥是否可以选择分娩时穿着的衣服？

♥是否同意分娩过程中使用外阴侧切手术？

♥当宝宝顺利分娩出来后，你是否想要抚摸宝宝？

孕期第38周

孕晚期准妈妈常见心理问题及自救法

预防产前忧郁

随着准妈妈一天天临近生产，身心负担越来越重。准妈妈在期待宝宝出生的同时，会担心分娩是否疼痛、是选择顺产还是剖宫产、宝宝生下来是否健康、准妈妈奶水是否充足、如何养育宝宝等问题。这种紧张的心理负担，如不及时疏导，就会使准妈妈产生忧郁的心理障碍。忧郁主要表现为情绪不好，常为一点小事不称心感到委屈甚至落泪，烦躁焦虑，睡眠不好。这时，预防忧郁的心理就显得尤为重要。因此建议准妈妈在孕晚期出现忧郁心理时，及时意识到这个问题，尽量早做心理准备，主动排除忧郁情绪。准爸爸应尽量打消准妈妈不必要的担心，让准妈妈消除对分娩的恐惧和紧张。当妻子情绪不平衡时，丈夫要照顾好妻子的生活，安抚妻子的情绪，以包容的心态对待妻子。

消除分娩的恐惧

因分娩时间过长或出血过多而威胁母体和胎宝宝的情形称为难产。准妈妈太胖或太瘦，对分娩的情况一无所知，运动不够等情形都会发生难产。准妈妈定期的检查，确认胎宝宝位置及健康状况，做些有利于顺产的体操等都可以降低难产发生率，因此，准妈妈不必过于担心。

♥调节体重

准妈妈体重急剧增加很容易导致难产，孕期中准妈妈的肥胖程度越严重，生巨大胎宝宝的几率就越高。过多地摄取脂肪会导致体内脂肪堆积，产道也不例外。产道变窄，胎宝宝体形较大，则不可避免地会发生难产。若想避免难产，最好注意调节体重。整个孕期，准妈妈体重增加的程度会因人而异，一般体重增加9～13.5千克可视为正常。整个孕期孕妇最好不要超过12.5千克，否则容易难产。如果以1个月增加2千克来计算，与初期相比，后期体重会增加较大。如果1个月增加2千克以上，准妈妈则需适当减肥，可通过节食和轻松的运动来调节体重。

♥了解分娩状况

在分娩过程中，准妈妈的子宫一阵阵收缩，产道才能一点点松开，宝宝才能由此生下来。在这个过程中，准妈妈产道产生的阻力和子宫收缩帮助胎宝宝前进的动力相互作用，给准妈妈带来一些不适，这是十分自然的现象，不用害怕、紧张。准妈妈的承受能力、勇敢性格，也会传递给胎宝宝，是宝宝性格形成的最早期的教育。准妈妈生产时应尽量心理放松，这样全身也会放松，同时也应配合医生的指导，为宝宝的顺利出生创造条件。

不要对家人指手画脚

准妈妈要改变急躁的脾气，除了认识它的害处，狠下决心改正之外，还要找出急躁的原因。脾气急躁的准妈妈不理解宝宝的出生有其客观规律，需要有一个过程，不能单凭主观愿望，急于求成是不行的。

另外，还有另一个重要原因就是要求别人的想法、情绪和行为完全符合自己的愿望，一旦发现别人说的做的不顺自己的心意，就勃然大怒。很明显，这种做法是非理性的，也是很不公正的。

正像自己不乐意受别人支配一样，别人也喜欢按自己的意愿办事。如果从内心承认别人和自己一样，有权按自己喜欢的方式行事，就会学会宽容。

凡事要往好处想

准妈妈要尽量克服消极情绪，学会调整自己的情绪，凡事都要往好处想，可以从以下几个方面做起：

♥要克服认识的偏见，学会全面、客观地分析处理问题。

♥要善于站在对方的立场上，体谅他人的处境和困难。

♥如果对社会或单位及家庭存在的弊端有看法，发表意见时，一定要注意场合、对象和分寸。否则，就会与自己原有的积极动机相悖，带来消极的影响，还会惹来是非，影响人际关系，从而影响心情。

♥要学会等待，因为解决某个问题，完成一个任务，总是要等主客观条件都成熟时再行事。强者既有意志，又能等待时机。

♥学会用一分为二的观点看待问题，保持理智、客观。

✱准妈妈在产前要保持良好的心境，积极和家人配合，凡事往好处想，避免因情绪变化而导致的难产、流产等意外情况发生。

孕期第39周

完善分娩计划

制订分娩计划

进入孕晚期，准妈妈既有早产的危险，预产期也有可能发生变化，因此建议最好事先制订详细的分娩计划为即将到来的分娩做准备。这个时期准妈妈要定期去医院检查自身的健康状况，了解能否实施已经计划好的分娩方式。如果必须改变分娩方式，究竟选择何种方式也需要咨询医生后慎重考虑。

同时，准爸妈还应提前做好经济上的规划。分娩方式不同，费用会相差许多，不同分娩病房的费用同样千差万别，因此，制订计划时，这些方面都要考虑到。

如果准妈妈第一次怀孕，对怎样一步步完成分娩没有实际体会，突然要制订分娩计划，一定会不知所措，这种时候就要咨询医院的医师、护士或者助产师，制订合理详细的分娩计划。

留意分娩征兆和生产信号

孕10月，准妈妈一定要留意分娩征兆和生产信号的出现，随时迎接分娩的到来。分娩的征兆主要有：

♥**子宫底下降**。一般指胎宝宝的胎头开始下降，因此，准妈妈在呼吸时会感到比较轻松，胃不再受到压迫、感觉比较舒畅，食欲也佳。

♥**腹部膨胀**。又称前阵痛，这是因为子宫敏感，稍受到刺激，便容易收缩所致。有时会有疼痛的感觉，却是不规则的阵痛，有些准妈妈甚至还会有腰酸的现象。

♥**尿频**。这是胎宝宝头部下降压迫膀胱所致。特别是在夜间，准妈妈必须三番五次起床解尿，这就是分娩期接近了。

♥**胎动减少**。这是胎宝宝头部下降至骨盆腔难以活动所致，也是分娩到来的征兆。

♥**大腿处鼓胀**。大腿或膀胱附近有鼓胀的感觉，甚至会痛得难以举步。

♥**分泌物增多**。主要是子宫颈口处的分泌物增多，而且呈黏稠的状态，其作用是润滑产道，分娩时使胎儿易于通过。

♥**体重不再增加**。原本持续增加的体重不再增加，甚至会有降低的情形。

生产信号主要有：

♥**初产妇生产开始时的信号为**：分娩前7～10日，会排出胶状黏液，有少量出血或破水的情形。分娩前子宫的收缩大概为10分钟1次，如果1小时内有6～7次规律正常收缩的话，表示要开始分娩了。

♥**经产妇生产开始时的信号为**：即使距预产期还有一段时间，但仍有突然分娩的情况，所以当子宫每隔15～20分钟收缩1次并有少量出血的话，便应该立即送入医院待产。

♥**出现妊娠阵痛**：分娩时，妊娠阵痛是依情况而逐渐增加其强度的。阵痛可以是不规律的，因人而异。一般强烈疼痛的感，最常出现在对分娩有强烈不安的准妈妈身上。

要警惕阴道出血

孕晚期，准妈妈阴道出血的主要原因是由于胎盘异常，即前置胎盘和胎盘早期剥离。正常胎盘附着于子宫体的底部、后壁、前壁或侧壁。如果胎盘附着于子宫下端，甚至胎盘边缘达到或覆盖子宫颈内口，其位置低于胎宝宝先露部者，称为前置胎盘。可分为完全性或中央性、部分性和边缘性前置胎盘。

此种情况应采取待疗法，准妈妈应卧床休息，等待胎宝宝生长，在孕36周以前如无大量出血，一般不中止妊娠。在等待过程中，应严密观察出血倾向和胎宝宝生长发育情况，同时给予补血药及镇静剂。在观察过程中如发生大出血或妊娠已达37周以上或近足月，则可终止妊娠。

分娩中的异常情况要早了解

准妈妈在分娩时总会出现各种各样的风险和意外，但是随着现代医疗水平的提高，分娩的风险已大大降低。准妈妈们无须过于担心和忧虑。保持轻松的心情，并作好应对准备，对顺利分娩大有益处。

♥**会阴裂口**。准妈妈分娩时，因为会阴受力过大，难免会出现裂口，只要听从医生的指导正确用力，并及时采取会阴侧切术，是可以避免或缓解裂口增大的。

♥**难产**。难产是准妈妈分娩过程中常见的意外，多由胎位不正和胎宝宝偏大、准妈妈骨盆过窄等原因所致。怀孕期间，准妈妈最好适当运动，及时控制体重，并按时做产检。即便发生难产也要从容面对，以减轻产痛。

♥**子宫破裂**。分娩时产道不通畅、子宫壁上有明显的瘀痕或者分娩前不恰当地使用催产素，都会造成子宫破裂。

♥**产后出血**。准妈妈分娩时子宫强烈收缩，会使其过度乏力而不能正常收缩，通常会发生产后大量出血的情况。准妈妈最好及时遏制出血的迹象，然后入院观察并医治。

✱准妈妈最好先提前做好功课，了解产程中会出现的问题，这样才会有备无患。

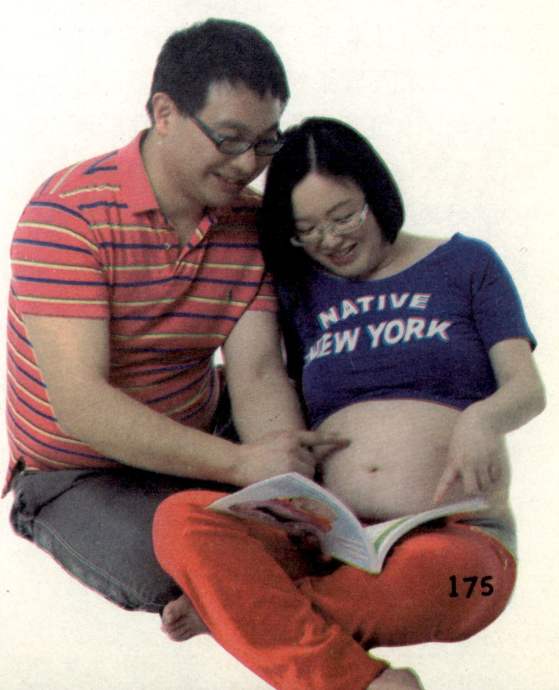

孕期第40周

分娩是胎教最后一堂课

选择最适合的分娩方式

分娩方式是不能由准妈妈或家属任意选择的，而是应该由准妈妈的自身状况和胎宝宝的发育情况所决定的。所以分娩方式应该结合各方面情况综合考虑，从实际出发，理性选择。如今可供选择的分娩方式有自然分娩与剖宫产两种方式。

♥自然分娩

怀孕足月后，准妈妈的子宫肌肉开始有规律地收缩，子宫颈口渐渐扩张，胎宝宝从准妈妈的子宫里出来，通过产道，来到人间。产后新妈妈的生殖器官和全身其他器官相继恢复原来的状态，这是一种自然规律，是最为理想和健康的分娩方式。

产科专家建议，准妈妈最好选择自然分娩。女性妊娠和分娩都是生理现象，是人类繁衍后代所必经的途径。胎宝宝经自然分娩是正常的分娩方法。与剖宫产术相比，经产道分娩，顺乎自然，对胎宝宝和准妈妈都有好处。自然分娩时，子宫收缩所引起的种种改变，对胎宝宝脱离母体，走上独立生活之路十分有益。

♥剖宫产

剖宫产是解决难产的一种手段。对于经自然分娩可能会给母婴造成损害者，剖宫产确实起到了保证母婴安全的作用，但它终究是一次开宫手术，不利于新妈妈和新生儿的恢复。

是自然分娩还是剖宫产，应该由医生酌情决定。

与自然分娩比起来，施行剖宫产的准妈妈，出血多、感染的机会多、术后恢复比较慢。剖宫产可能会对胎宝宝带来许多意外的风险。因此，剖宫产并不适于每一个准妈妈。

宝宝的诞生影响其一生

一个宝宝的诞生，对他的爸爸妈妈来说，可能是一份永恒的回忆、一个梦想的实现。但对宝宝本身而言，这个时刻的重要性更不只于此。

一方面，当他在子宫里连续待了9个月之后，他已能意识到他所处环境里的一切事物，那里的感官、声音，乃至于视觉，如今都和手脚一般，成为他身体的一部分了。

另一方面，诞生是宝宝首次经历到这么漫长的情绪及生理震撼，而且这份体验永远都会存留在他记忆的某处。这种记忆是深刻的，终生都不会忘记。所以，诞生这一刻对宝宝来说是十分重要的。

专题　早教是胎教的延续

宝宝出生的时候，大脑的神经细胞虽然已经完成，却还无法独立思考，这是因为脑部发育未成熟。从脑部的发育来看，它还是需要保护的宝宝。宝宝出生时的脑重量约为400克，1年之后就变成800克，约为出生时的2倍重。可见，子宫内胎宝宝其实和刚出生的胎宝宝在脑部发育来说是没有区别的。

胎教如果是以胎宝宝脑部的稳定发育为目的，与子宫内胎宝宝期的脑细胞增加同等重要的0岁宝宝教育，就必须得从这个角度（即子宫内胎宝宝与“子宫外胎宝宝”的连续性）来考虑。所以，在胎宝宝出生半年内，准爸爸妈妈们仍然要延续“胎教”当中的方式刺激宝宝，促进其脑部发育和神经系统的发育完善。

胎宝宝在出生以前，准妈妈已给了胎宝宝音乐的、语言的、触摸的刺激，为他输入了“信息流”，对胎宝宝的感觉器官和大脑产生了一定的影响，促进了神经元结构的形成。一般人认为，胎教至此应该告一段落。但由于宝宝在出生后6个月之内，是大脑细胞增殖的另一高峰期，到3岁以前，则是神经系统髓鞘形成的高峰时期，所以新生儿和胎宝宝一样，也需充分的营养供给，并继续需要适宜的信息刺激，才能进一步促进其神经系统的发展。因此，从这个意义上说，胎教还需持续一段时间，直到与早期教育衔接上为止。

宝宝出生时大脑的大小和重量只达成人的1／3，神经细胞尚未成熟，神经纤维也没有形成完善的髓鞘，而相互间的联系几乎没有形成，所以，在出生后的初期，只有将大量的刺激传到感觉器官，再通过感觉细胞传达给大脑，才能促进神经细胞的成熟。

因此，尽管宝宝刚出生时根本不明白语言的意思，但还是要给他各种声音的刺激，包括语言和音乐的刺激。除了声音刺激之外，还要给宝宝视觉和触觉的刺激，这些及时且适宜的感觉、视觉和触觉的刺激，就是胎教的“加时课”，也同时揭开了对宝宝进行早期教育的序幕。

✻在宝宝出生后，还要对其进行必要的早教，这是胎教的延续，不可忽略。